이천 년을 내려온 나를 돌보는 철학

그럼에도 인생은 흐른다

Lucius Annaeus Seneca

루키우스 안나이우스 세네카 지음
김한슬기 옮김

page2

"과거는 망각의 손에 맡기고,
미래는 신의 손에 맡기면 된다.
우리의 손에 있는 것은 오직 현재뿐이다."

— **루키우스 안나이우스 세네카**Lucius Annaeus Seneca

루키우스 안나이우스 세네카는
고대 로마의 스토아 철학자입니다.
비극적 운명을 맞이한 폭군 네로의 스승으로 알려져 있죠.

그는 로마의 혼란스러운 시대적 상황 속에서
많은 부침을 겪으며 어떻게 살아야 하는지에 대한
자신만의 철학을 만들었습니다.

그의 철학은 이천 년이 넘는 세월 동안 전해져 내려오며
몽테뉴와 단테, 루소, 흄, 소로, 알랭 드 보통 등
세계의 지성인들에게 큰 영향을 끼쳤습니다.

이 책은 그가 남긴 열두 편의 에세이 중 세 편인
『인생의 짧음에 관하여De Brevitate Vitae』,
『행복한 삶에 관하여De Vita Beata』,
『마음의 평온에 관하여De Tranquillitate Animi』,
를 한 권의 책으로 엮은 것입니다.

글의 순서와 내용은 그대로 가져왔으며,
이해를 돕기 위해 편집부가
긴 글을 짧은 호흡으로 나누고 제목을 달았습니다.
또한 과거의 언어를 현대에 맞게 순화하고 다듬어,
우리에게 더욱 와닿는 표현으로 녹여냈습니다.

이천 년을 내려온 나를 돌보는 철학을 통해
짧은 우리의 인생을 행복하고 평온하게 살아낼
지혜를 얻기 바랍니다.

인생의 짧음에 관하여

행복한 삶에 관하여

마음의 평온에 관하여

인생의
짧음에
관하여

Lucius Annaeus Seneca

• • •

"우리는 인생의 일부만을 진정으로 살고 있다."

나머지는 삶이 아니라
단지 흐르는 시간일 뿐입니다.

우리에게 주어진 짧은 시간

사람들은 인간의 수명에 관해서 짓궂은 자연의 섭리라며 불평을 늘어놓습니다. 애초에 타고난 수명이 얼마 안 되는데다가, 주어진 그 짧은 시간조차 순식간에 흘러가 버리기 때문입니다. 대부분 남은 인생을 준비만 하다가 어느새 삶의 막바지에 접어들고 말죠.

이렇게 스쳐 지나가는 삶을 아쉬워하는 이는 평범한 사람들만이 아닙니다. 위인조차 인생을 찰나처럼 느끼며 그 안타까움을 노래했습니다. 역사에 길이 남을 위대한 의술가인 히포크라테스Hippocrates는 '인생은 짧고 예술은 길다.'라는 말을 남겼지요. 철학자 아리스토텔레스 또한 현자라는 칭호에 걸맞지 않게 자연의 섭리에 불만을 표시한 적이 있습니다.

'자연은 어떤 짐승에게 인간의 다섯 배에서 열 배에 달하는 긴 수명을 선사했지만, 대단한 업적을 세우는 인간에게는 훨씬 짧은 시간만을 허락했다.'

진짜 문제는
인생을 허비한다는 데 있습니다

문제는 우리의 수명이 짧은 것이 아니라 인생의 시간을 너무 많이 허비한다는 데 있습니다. 인생은 충분히 깁니다. 우리에게 주어진 시간을 잘 활용한다면 위대한 업적을 이루고도 남을 겁니다. 하지만 대부분 사치를 즐기고 무관심하게 살면서 선하지 않은 목적을 추구하는 데 시간을 낭비합니다. 그러느라 삶은 미처 깨닫지도 못하는 사이에 쏜살같이 흘러가 버리죠.

그러니 인간에게 주어진 수명이 짧은 것이 아니라 우리가 인생을 짧게 만들고, 시간이 부족한 것이 아니라 우리가 시간을 함부로 쓰는 겁니다.

엄청난 재산도 주인을 잘못 만나면 금세 바닥납니다. 반면에 몇 푼 안 되는 돈이라도 주인을 잘 만나면 알뜰살뜰 잘 쓰이듯, 타고난 수명 또한 적절히 활용한다면 결코 부족하지 않을 겁니다.

"우리는 인생의 일부만을 진정으로 살고 있다"

왜 수명이라는 자연의 섭리를 두고 기네, 짧네 하고 불평을 늘어놓습니까? 자연은 인간에게 이미 친절을 베풀었습니다. 시간을 잘 사용하면 우리 인생은 충분히 깁니다.

그럼에도 어떤 사람은 끝없이 탐욕을 부리고, 어떤 사람은 쓸데없는 일에 집착하느라 허송세월을 하죠. 포도주에 취해 사는 사람이 있는가 하면 게으름에 빠져 하루하루를 보내는 사람도 있습니다. 늘 줏대 없이 타인의 평가에 흔들리면서 명예를 탐하느라 애쓰는 사람도 있고, 돈에 눈이 멀어 재물을 좇느라 산 넘고 물 건너며 헤매는 사람도 있습니다.

한편 자신이 위협을 당할지 모른다는 불안과 다른 사람에게 위협이 되고 싶은 욕망에 휩싸여 전쟁을 일으키는 사람도 있습니다. 그리고 잘난 사람 옆에 붙어서 시킨 적도 없는 하인 노릇을 하느라 지치는 사람도 있죠.

타인이 가진 부를 탐하거나 자신이 가진 재산에 불평을 늘어놓느라 바쁜 사람도 많습니다. 또 일관성이 없고 변덕스러운 탓에 한 가지 목표를 정하지 못하고 늘 새로운 계획을 세우면서 투덜대기만 하는 사람도 이따금 보입니다. 그런가 하면 삶의 방향을 잡아주는 원칙도 없이 게으르고 무기력하게 살다가 어느새 죽음을 마주하는 사람도 있습니다.

짧은 우리 인생에 대해서는 어느 위대한 시인의 말에서 진리를 찾을 수 있습니다.

"우리는 인생의 일부만을 진정으로 살고 있다."

나머지는 삶이 아니라 단지 흐르는 시간일 뿐입니다.

누구도 오롯이
스스로의 주인이 되지 않습니다

악덕은 두 눈을 똑바로 뜨고 진실을 직시할 수 없도록 방해합니다. 우리를 에워싼 악덕 때문에 인간은 욕망의 노예가 됩니다. 욕망에 사로잡힌 사람은 다시 예전으로 돌아갈 수 없습니다. 운 좋게 욕망으로부터 자유를 되찾을 기회가 찾아온다고 해도 거센 폭풍이 휩쓸고 간 깊은 바다 위에 넘실대는 파도처럼 이리저리 흔들릴 뿐 벗어나기는 어렵습니다.

이미 악덕에 사로잡힌 가련한 어떤 이의 이야기라고 생각하십니까? 부를 거머쥔 사람을 구경하겠다고 몰려든 군중을 보십시오. 군중이 우러러보는 부를 거머쥔 사람은 자신에게 주어진 축복에 질식당하고 있습니다. 부유함이 오히려 짐이 됐기 때문이죠.

권력을 과시하기 위해 매일 피땀 흘리며 애쓰는 사람이 얼마나 많습니까? 끊임없는 쾌락에 얼굴이 창백하게 질린 사람은 또 얼마나 많습니까? 쉴 새 없이 찾아오는 손님 때문에 자유를 누리지 못하는 사람도 헤아릴 수 없습니다.

신분이 가장 높은 이부터 가장 낮은 이까지, 모든 사람을 두루 살펴보십시오. 어떤 사람은 변호인에게 도움을 요청하고, 어떤 사람은 그 도움에 답합니다. 또 어떤 사람은 피고석에 서고, 어떤 사람은 피고를 변호하며, 다른 사람은 판결을 내립니다. 스스로 자신의 입장을 대변하는 사람은 한 명도 없고, 모두가 타인을 위해 행동하고 있습니다. 누구나 알 만한 유명한 인물 또한 예외가 아닙니다. 이 사람은 저 사람을 칭송하고, 저 사람은 또 다른 사람을 칭송합니다. 누구도 오롯이 스스로의 주인이 되지 않습니다.

자신조차 못한 일을
타인에게 요구해서는 안 됩니다

가끔 말도 안 되는 일로 화를 내는 사람이 있습니다. 이런 사람은 평소 높이 사던 인물을 만나고 싶은데 상대방이 바쁘다는 이유로 자신을 만나주지 않았다며 불만을 토로합니다.

그렇지만 자신조차 자기에게 시간을 내주지 않으면서 타인이 거만하게 굴었다며 화를 낼 수는 없는 노릇입니다. 어쨌든 그 대단한 인물은 귀찮은 티를 내가면서도 이따금 상대를 쳐다봐 주고, 몸을 낮추어 이야기를 들어주며, 잠깐 곁이라도 내주었습니다.

이렇게 다른 사람에게 관심을 바라면서 정작 자기를 돌아보고 내면의 목소리에 귀를 기울이는 사람은 없습니다. 자신조차 못한 일을 타인에게 요구해서는 안 됩니다. 스스로를 돌보지 못하면서 다른 사람에게 애정을 찾는 행동은 우정이 아닙니다. 혼자서는 견디기 힘드니 타인에게 기대려는 행위일 뿐입니다.

아껴야 할 것을 낭비하고 있는 꼴

각 시대를 대표하는 지식인이 한자리에 모여 '인간은 왜 시간과 돈을 이렇게 다루는가?'를 두고 몇 날 며칠을 고민한다고 해봅시다. 아마 그들도 인간의 어두운 면에 대한 비밀은 풀 수 없을 겁니다.

인간은 자기 재산을 넘보는 사람을 가만히 두고보지 못합니다. 누군가 자기 땅을 조금이라도 넘어오려고 하면 주저하지 않고 돌을 들고 무기를 휘두릅니다. 하지만 타인이 자기 인생을 침범하도록 내버려 둡니다. 심지어 인생 전체를 순순히 남의 손에 넘겨주기도 합니다.

단 몇 푼이라도 돈을 내어주는 일은 꺼리면서 삶을 내어주는 데는 주저함이 없습니다. 재산에는 인색하면서 시간을 나누는 데는 거리낌이 없으니, 정작 아껴야 할 것을 낭비하고 있는 꼴이 아닙니까?

온전히 스스로를 위해
보낸 시간은 얼마나 됩니까?

삶의 마지막이 얼마 남지 않은 노인을 붙잡고 이렇게 묻고 싶습니다.

"당신은 이제 인생의 막바지에 접어들었습니다. 백 년에 가까운 세월을 지나오셨는데, 지금까지 인생을 돌이켜 보면 어떤 생각이 듭니까? 대금업자에게 빼앗긴 시간이 얼마나 됩니까? 애인과 후원자, 고객에게는 또 얼마나 많은 시간을 쓰셨습니까? 아내와 다툼을 하면서 흘려보낸 시간은 얼마나 깁니까? 하인에게 벌주느라 허비한 시간은 어떻습니까?

사회적 책무를 다한다며 도시를 누비고 다닌 시간도 생각해 보십시오. 스스로의 잘못으로 앓아누워 있던 시간과 하릴없이 낭비한 시간까지 빼고 나면, 남은 인생은 몇 년 안 될 테지요.

이번에는 기억을 더듬어 확고한 계획에 따라 살았던 세월을 떠올려 보십시오. 의도한 대로 흘러간 시간은 며칠이나 됩니까? 스스로를 위해 보낸 시간은 또 얼마나 됩니까?

언제 자연스러운 표정을 지었고, 언제 마음이 평온했습니까? 이 긴 인생을 통틀어 어떤 일을 성취했는지, 무엇을 잃고 있는지도 모른 채 빼앗긴 시간은 얼마나 되는지, 쓸모없는 슬픔과 어리석은 쾌락, 탐욕스러운 바람, 불필요한 사교 활동에 흘려보낸 세월은 얼마나 또 긴지 생각해 보십시오. 이제 온전히 스스로에게 남은 시간은 얼마나 됩니까?"

노인은 아직 열매도 맺지 못했는데 떠나야 할 때가 다 가왔음을 깨달았을 겁니다.

마치 영원히 살 것처럼
흘려보내는 시간

우리는 마치 영생을 약속받은 것처럼 시간을 의미 없이 계속 흘려보내고 있습니다. 자신의 나약함을 생각하지 못하고, 이미 지나간 시간도 얼마나 되는지 인지하지 못합니다. 언제까지고 시간이 무한히 주어질 것처럼 인생을 낭비하고 살지만 누군가, 또는 무언가를 위해 보낸 하루가 인생의 마지막 날이 될 수도 있습니다.

인간은 금방이라도 죽을 것처럼 모든 것을 두려워하지만, 동시에 영원히 살 것처럼 모든 것을 갈망합니다.

인생이 계속
이어질 것이라는 착각

이렇게 말하는 사람을 만나봤을 겁니다.

"나는 오십 세부터는 은퇴하고 삶을 즐길 것이며, 육십 세부터는 모든 공무에서 손을 떼겠소."

하지만 그때까지 인생이 이어지리라는 보장이 있습니까? 인생이 계획한 대로 흘러갈 것이라고 어떻게 확신할 수 있습니까? 자신을 위해 보낼 수 있는 시간이 다 쓰고 남은 자투리뿐이라면 아깝지 않겠습니까? 또 아무 일도 하지 않고 낭비하는 시간을 삶에서 굳이 마련해 두어야 할 이유가 있습니까? 인생이 끝나갈 무렵에 새로운 삶을 시작하기에는 너무 늦지 않겠습니까?

그때까지 살 수 있을지도 모르면서 오십 세, 육십 세가 되어서야 제대로 된 자기 인생을 살아보겠다니, 누구나 언젠가 죽는다는 사실을 망각한 어리석은 계획이 아닙니까?

행운은 스스로를 이기지 못해
무너져 내리기도 합니다

누구보다 막강한 권력을 손에 쥐고 가장 높은 자리에 오른 사람조차 막대한 재산보다는 여유로운 삶을 갈망합니다. 내려오는 길이 위험하지만 않다면 자신이 서 있는 위태로운 꼭대기에서 내려오고 싶다고 생각할 때도 있습니다.

행운이 부서지는 이유는 꼭 외부의 공격이나 충격 때문은 아닙니다. 행운은 스스로를 이기지 못해 저절로 무너져 내리기도 합니다.

자신만을 위해 산다는 헛되고도 달콤한 희망

신과 같은 존재로 추앙받는 아우구스투스Augustus 황제는 신에게 이 세상 어떤 이보다 많은 축복을 받았습니다. 그러나 늘 공무에서 벗어나 휴식할 수 있길 바랐습니다. 아우구스투스 황제와의 대화는 항상 여유를 즐기고 싶다는 바람으로 끝났습니다. 언젠가 자신만을 위해 살 수 있을 것이라는 헛되고도 달콤한 희망 덕분에 황제는 나라를 다스리는 데 집중할 수 있었죠.

아우구스투스 황제가 원로원에 보낸 편지에는 언젠가 왕좌에서 물러나 여가를 즐기는 중에도 위엄을 잃거나 과거의 영광에 모순되게 행동하지 않을 것이라는 내용이 있습니다.

황제는 이렇게 이야기했습니다.

"말보다는 행동으로 보여주는 편이 좋겠지만 여유를 즐길 수 있는 날은 아직 한참 멀었으니 이렇게 내 간절한 바람을 글로 표현하면서 그 즐거움을 조금이나마 미리 맛보는 것이다."

천하의 황제도 현실에서는 여유를 즐길 수 없다는 사실을 잘 알기에 미래를 상상하는 데서 만족을 찾은 겁니다.

위대한 사내의 소원은
단지 평화로운 나날을 즐기는 것

아우구스투스 황제는 혼자서 모든 중대사를 결정하며 국민의 삶과 나라의 운명을 좌우했습니다. 그러면서 머릿속으로는 왕관을 내려놓을 미래의 행복한 나날을 그렸습니다.

하지만 드넓은 땅을 비추는 눈부신 축복 뒤에는 어둠이 존재했습니다. 황제는 가장 먼저 국민에게 칼을 겨누었고, 다음에는 동료에게 무기를 들었으며, 마지막으로는 핏줄을 해치며 육지와 바다에 피를 뿌렸습니다.

마케도니아부터 시칠리아, 이집트, 시리아, 아시아까지 아우구스투스 황제가 밟은 모든 땅에서 전쟁이 일어났습니다. 로마를 정복한 황제는 바깥으로 시선을 돌렸지만 황제가 알프스 지역을 평정하고 라인 강, 유프라테스 강, 다뉴브 강까지 국경을 넓혀가는 동안 적대 세력은 평화로운 로마 제국 한가운데서 힘을 키웠습니다.

무레나Murena, 카에피오Caepio, 레피두스Lepidus, 에그나티우스Egnatius는 아우구스투스 황제를 향해 겨눌 칼을 갈았습니다. 게다가 동료 정치가가 꾸민 음모에서 채 벗어나기도 전에 딸 율리아는 귀족 청년들과 부적절한 관계를 맺으며 황제의 쇠퇴를 예고했습니다. 파울루스Paulus는 반역을 시도했으며, 클레오파트라Cleopatra와 안토니우스Antonius는 손을 잡고 아우구스투스 황제에게 대항했습니다.

그의 삶은 종양을 제거하기 무섭게 새로운 종양이 자라는 꼴이었습니다. 육체에 피가 과하게 돌 때처럼 늘 어디에선가 파열이 생겼으니, 황제가 공무에서 벗어나 여유로운 삶을 누리길 얼마나 간절히 바랐겠습니까? 세상을 손에 넣은 그 위대한 사내의 소원은 평화로운 나날을 즐기는 것이었습니다.

자랑하던 것이 저주가 될 때

마르쿠스 키케로Cicero[1]는 몰락하는 나라를 지키기 위해 카틸리나Catilina, 클로디우스Clodius, 폼페이우스Pompeius, 크라수스Crassus를 비롯한 여러 정치인 사이에서 부단히 애썼습니다. 적과 아군을 가리지 않고 국가의 미래를 지키려 노력하던 키케로는 결국 역사의 소용돌이에 휘말렸습니다. 온갖 역경을 다 견뎌내고 막대한 부를 거머쥐었지만 잠시도 쉴 수 없었으니, 평소 지겹도록 자랑을 늘어놓던 집정관이라는 직책이 나중에는 얼마나 저주스러웠겠습니까?

폼페이우스가 전쟁에서 패배하고 그의 아들이 뒤를 이어받아 스페인에 흩어진 패잔병을 불러 모으고 있을 때 키케로가 친구인 앗티쿠스Atticus에게 쓴 편지에는 안타까운 내용이 담겨 있습니다.

"내가 여기서 무얼 하고 있는지 궁금한가? 나는 반포로 신세로 시골집에 머물고 있다네."

1 고대 로마의 정치가

편지에서 키케로는 지난 인생을 한탄하고 앞으로 다가올 절망적인 미래를 걱정했습니다. 키케로는 자신이 '반포로 신세'라며 푸념했지만 현자라면 결코 그런 식으로 스스로를 낮추는 표현을 사용하지 않았을 겁니다.

현자는 어떤 상황에도 반포로 신세가 되지 않습니다. 언제나 온전한 자유를 누리고 스스로가 삶의 주인이 되어 모든 이를 내려다보기 때문입니다. 운명을 딛고 일어선 사람 위에 그 누가 존재할 수 있겠습니까?

한시도 쉬지 못했다는 불평

대담하고 호탕했던 호민관 리비우스 드루수스Livius Drusus는 이탈리아 각지에서 모여든 군중의 든든한 지지를 받으며 새로운 법안을 발의하고 개혁을 추진했지만 성공의 기미조차 보이지 않았습니다. 한번 내세운 정책을 거둬들일 수도 없는 처지가 되자 그는 태어나서 한시도 쉬어본 적이 없는 기구한 자신의 팔자에 불평을 늘어놓았습니다.

드루수스는 어린 시절 단 하루도 휴가를 즐겨본 적이 없는 사람은 자신뿐일 것이라며 분노했습니다. 실제로 드루수스는 성년이 되기 전부터 재판정에 서서 피고를 변호하며 배심원의 마음을 흔들었고 그중 몇 번은 피고가 승소하는 데 큰 영향을 미치기도 했습니다.

이렇듯 어릴 때부터 야망에 눈을 뜬 드루수스에게 어떤 운명이 기다리고 있었겠습니까? 많은 사람이 예상할 수 있듯, 제대로 성숙하기도 전에 대담함을 보인 이 인물은 불운한 결말을 맞이했습니다. 소년 시절부터 논쟁을 즐기고 토론장에서 목소리를 높이던 드루수스가 하루도 쉬어본 적이 없다며 한탄했을 때는 이미 늦었습니다.

그가 스스로 목숨을 끊었다는 이야기도 있지만 확실하지 않습니다. 갑자기 복부에 통증을 호소하며 쓰러졌기 때문입니다. 드루수스의 사인死因은 의혹으로 남았지만 적절한 시기에 사망했다는 의견에는 논란의 여지가 없습니다.

불평불만은
아무것도 바꿀 수 없습니다

남들이 보기에 이 세상에서 가장 행복해 보이는 사람조차 인생에 불만을 표시하고 스스로를 못마땅하게 여깁니다. 이 점에 관해서는 더는 이야기할 필요가 없을 것 같습니다.

다만 불평불만으로는 자신도, 타인도 바꿀 수 없습니다. 감정을 입 밖으로 털어놓는다고 해도 무엇 하나 변하지 않기 때문입니다.

우리에게 천년이 주어진대도

우리에게 천년이 넘는 세월이 주어져도 인생은 순식간에 지나가 버릴 겁니다. 인간의 악덕은 헤아릴 수 없이 긴 시간을 한입에 삼켜버리죠. 이성으로는 눈 깜짝할 사이 흘러가 버리는 인생을 제어해 볼 수 있습니다. 그러나 사람들은 이성으로 덧없이 지나는 시간을 멈추거나 붙잡으려 하지 않기에 결국 시간은 빠르게 달아나고 맙니다.

우리는 주어진 수명만으로 충분하다는 듯 흘러가는 세월을 그저 바라보고 있습니다. 마치 대체할 무언가가 있을 것처럼 두 손을 놓은 채로 말입니다.

술을 마시느라
숨 돌릴 틈조차 없이 바쁜 사람들

짧은 인생을 술을 마시고 욕정을 채우는 데 다 보내는 사람도 있으니, 정말 한심한 노릇입니다. 그런가 하면 과거의 영광을 되찾겠다는 헛된 꿈에 사로잡혀 사는 사람도 있습니다. 그들은 겉보기에는 그럴싸할지 모르나 사실은 길을 잃고 헤매는 신세입니다. 또 욕심이나 화가 많아 부당한 싸움과 증오에 휘말려 사는 사람도 있죠. 그들은 타고난 성향이 남자답다는 핑계라도 대겠지만, 스스로 쾌락에 뛰어든 사람에게는 오직 불명예만 남습니다.

술과 욕정에 굴복한 사람이 어떻게 시간을 허비하고 사는지 한번 보십시오. 이들은 허울 좋은 말을 늘어놓고 온갖 계략을 꾸미는 한편, 누군가 파놓은 함정에 빠질까 두려워합니다. 또, 사탕발림을 하고 헛돈을 주고받으며 이런저런 명분을 갖다 붙여서 밤낮없이 연회를 즐깁니다.

누군가는 이런 행동을 좋게 볼 수도, 또 다른 누군가는 나쁘게 볼 수도 있겠죠. 그러나 그가 숨 돌릴 틈조차 없이 바쁘게 살고 있다는 점만은 모두가 동의할 겁니다.

제대로 사는 법,
제대로 죽는 법

다들 알다시피 벌여놓은 일이 많아서 너무 바쁜 사람은 어느 한 가지 일도 제대로 소화할 수 없습니다. 관심사가 여러 군데로 분산되면 웅변도, 학문도 깊이 파고들 수가 없으니까 무엇을 하든 억지로 쑤셔넣은 것처럼 한쪽이 튀어나오기 마련입니다.

바쁘게 사는 사람은 인생을 사는 방법을 배우는 데 큰 의미를 두지 않습니다. 사실, 제대로 사는 방법만큼 배우기 어려운 일이 없습니다. 다른 기술이야 어딜 가든 스승을 찾을 수 있는데다가 어떤 기술은 어린아이조차 금방 습득할 정도로 간단합니다.

하지만 제대로 사는 법을 익히려면 평생이 걸립니다. 쉽게 이해가 가지 않겠지만 제대로 죽는 법 또한 일생에 걸쳐 배워야 합니다.

시간을 내어줄 정도로
귀한 것은 없습니다

많은 위대한 인물이 온갖 역경을 이겨내고 재물, 성공, 쾌락을 포기한 채 생의 마지막 순간까지 제대로 인생을 사는 법을 익히기 위해 노력했습니다. 하지만 대부분은 죽음에 이를 때까지 그 방법을 배우지 못했다고 고백하며 세상을 떠났습니다. 그러니 평범한 사람은 어떻게 그것을 배우겠습니까?

인간의 나약함을 훌쩍 뛰어넘은 위대한 인물만이 쓸데없는 데 시간을 빼앗기지 않고 살 수 있습니다. 이런 인물은 모든 시간을 온전히 스스로를 위해 활용하니 인생이 무척 길게 느껴질 겁니다. 그들에게 마냥 게으르게 보내는 시간이나 타인에게 종속되는 시간은 일 초도 없습니다. 자신이 지닌 시간을 내어줄 정도로 귀한 것은 이 세상에 없다는 사실을 잘 알기에 주어진 시간을 힘껏 수호한 덕분입니다.

이렇게 시간이 충분한 사람이 있는 반면에 타인에게 너무 많은 시간을 빼앗기고는 인생이 너무 짧다고 불평하는 사람도 있습니다.

의미 없이 빼앗긴 시간들

자기 시간을 빼앗기고 있다는 사실을 어렴풋하게나마 알아차리는 사람도 있습니다. 엄청난 부에 압도된 인물이 수많은 군중 앞에서, 또는 법정 한가운데서 간절히 변론하다가 이렇게 외치는 장면을 본 적이 있을 겁니다.

"제가 살아도 사는 게 아닙니다!"

당연히 살아도 사는 것 같지 않을 겁니다. 자기 주변에 서성이는 사람을 잘 구분해야죠.

당신이 꼭 필요하지도 않은 일에 빼앗긴 시간은 얼마나 됩니까? 또 앞으로 얼마나 많은 시간을 빼앗길 참입니까? 자식을 앞세운 노파가 슬퍼하느라 흘려보낸 시간은 얼마나 될까요? 호시탐탐 유산에 눈독을 들이는 자를 자극하려고 꾀병을 부리는 시간은 또 어떻습니까? 진실한 우정을 나눈 적도 없으면서 권력을 자랑하려고 찾아온 이들에게 빼앗긴 시간은 또 얼마나 깁니까?

남은 인생이 얼마나 되는지 확인해 보십시오. 아마 자신을 위해 보낼 시간이 얼마 없다는 사실을 깨닫게 될 겁니다.

현재에 충실한 사람은
빼앗길 것이 없습니다

어떤 사람은 그토록 바라던 높은 지위에 오르고도 자리에서 내려올 날만을 기다리며 매일같이 이렇게 읊조립니다.

"언제쯤 올해가 다 갈까?"

또, 어떤 사람은 평소 큰 가치를 두던 경기에 참여할 기회를 얻은 다음에 이렇게 이야기하죠.

"언제쯤 경기가 끝날까?"

어느 변호인은 목소리가 모두에게 가닿지도 않을 만큼 수많은 군중이 빽빽하게 들어선 토론장에서 놀라운 변론을 펼치면서 생각합니다.

'언제쯤 쉴 수 있을까?'

모두들 바삐 살아가느라 지쳐서 그저 편안한 미래를 희망합니다.

하지만 주어진 모든 시간을 자신이 필요한 곳에 사용하고, 매일이 인생의 마지막 날인 것처럼 계획을 세우는 사람은 다가올 미래를 기다리지도, 두려워하지도 않습니다. 지금 머무르고 있는 시간보다 더 즐거운 시간이 없기 때문입니다. 그는 이미 모든 즐거움을 경험했고, 실컷 누렸으니 남은 시간을 기꺼이 행운의 여신에게 맡길 겁니다.

현재에 충실한 사람은 안정을 얻습니다. 앞으로 뭔가를 더 가질지언정 뺏기는 일은 없을 겁니다. 더 많은 것이 주어진다고 해도 이는 충분히 배불리 먹은 사람에게 필요하지도, 원하지도 않는 음식을 더 주는 셈일 뿐입니다.

오래 살았어도
제대로 살았는지는 알 수 없습니다

하얗게 센 머리와 깊은 주름을 보고 사람을 판단해서는 안 됩니다. 백발이 성성한 노인은 오래 살아남았을 뿐, 긴 시간 동안 제대로 살았는지 알 수 없기 때문입니다.

항구를 떠나자마자 사나운 태풍에 휘말려 오랜 시간 같은 자리를 맴돈 배를 두고 긴 항해를 이어왔다고 말할 수는 없습니다. 배가 바다에 오래 떠 있었다고 제대로 항해를 해온 것은 아니지 않습니까?

세상에서 가장 소중한 것을
이미 가지고도

저는 타인에게 시간을 내달라고 요청하거나 이런 요청에 흔쾌히 응하는 사람을 볼 때마다 놀라곤 합니다. 그들은 시간을 내야 하는 이유에만 정신이 팔려 시간 자체에는 신경을 쓰지 않기 때문입니다. 그러니 아무렇지 않게 남의 시간을 구하고, 또 남에게 시간을 내어줄 수 있겠죠.

시간이라는 세상에서 가장 소중한 것을 가지고도 우리가 이를 눈여겨보지 못하는 이유는 시간에 실체가 없기 때문입니다. 시간은 눈에 보이지 않으니 대부분이 아무 값어치가 없는 것처럼 하찮게 여기며 흘려보내곤 합니다.

반면 돈은 무척 귀하게 생각해서 임금을 받기 위해 기꺼이 노동과 서비스를 제공하죠. 하지만 시간은 아무 쓸모가 없는 듯 아무렇게나 허비하고 있습니다. 흥청망청 시간을 낭비하던 사람은 죽음이 가까이 오면 그제야 의사의 무릎에 매달려 생명을 연장해 준다면 모든 재산을 내놓겠다며 애원합니다. 인간이란 얼마나 모순된 존재입니까!

앞으로 남은 시간을
헤아릴 수 있다면

지금껏 지나온 시간을 헤아리듯 앞으로 남은 시간을 헤아릴 수 있다면 어떨까요? 살날이 많지 않은 사람은 경각심을 갖고 남은 인생을 알뜰히 보내려고 할 겁니다. 제아무리 사소한 것이라도 주어진 양이 한정되어 있다면 소중히 여기기 마련입니다.

우리 모두 언제 끝날지 모르는 인생을 살고 있습니다. 이것이 시간을 더욱 신중하게 사용해야 하는 까닭입니다.

사랑하는 사람에게
인생의 일부를 바친다 해도

모든 사람이 시간의 소중함을 모른다고 이야기할 수는 없습니다.

흔히 사랑하는 사람에게 인생의 일부를 바치겠다는 표현을 합니다. 실제로 자신도 모르는 사이 시간을 떼어주기도 하고요. 하지만 사랑하는 사람에게 시간을 나눠준다고 해서 상대방의 시간이 늘어나지는 않습니다. 이는 자신에게 주어진 시간을 버리는 행위일 뿐입니다.

더 큰 문제는 시간을 낭비하고도 자신이 무엇을 잃었는지 모르는 데 있습니다. 무지 덕분에 그나마 상실을 견딜 수 있나 봅니다.

인생은 돌아가지도,
멈추지도 않고 흘러갑니다

누구도 지나간 세월을 돌려놓거나 과거로 돌아갈 수는 없습니다. 인생은 돌아가지도, 멈추지도 않고 계속해서 흘러갈 뿐입니다. 시간은 소리 없이 지나가니 그 속도를 가늠할 수도 없습니다. 왕이 명령해도, 대중이 간청해도 삶이 늘어나지는 않죠.

인간에게 주어진 시간은 인생의 첫날부터 시작해 방향을 바꾸거나 지체하는 일 없이 계속해서 앞으로 달려가고 있습니다.

그래서 마침내 어떻게 되겠습니까? 우리가 이런저런 사정으로 바쁘게 지내는 동안 인생은 쉬지 않고 흘러서, 좋든 싫든 언젠가는 죽음과 마주하게 됩니다.

미래를 위해
오늘을 버리지 마세요

참 어리석게도 선견지명을 자랑하고 다니는 사람이 있습니다. 이런 사람은 더 나은 삶을 바라며 분주하게 살아갑니다. 그러나 항상 다가올 인생을 준비하느라 눈앞에 닥친 삶을 누리지 못합니다.

먼 미래의 계획을 위해 오늘 할 일을 미루는 것은 인생에서 가장 큰 낭비입니다. 다음을 기약하며 매일같이 주어지는 새로운 날을 낭비해서는 안 됩니다. 미래에 대한 기대는 인생을 사는 데 가장 큰 장애물입니다. 언젠가 다가올 그날에 기대어 오늘을 버리는 것과 같으니까요. 이는 마치 운명의 손에 미래를 맡기고 당장 내 손에 쥔 현재를 흘려보내는 것과 같습니다.

지금 어디를 보고 있습니까?

목표는 무엇입니까?

앞으로 다가올 미래가 어떻게 될지는 아무도 모릅니다. 오직 오늘을 사십시오.

“가장 빛나는 날은 늘 가장 먼저 달아난다”

위대한 시인 베르길리우스Vergilius는 신에게 영감을 받은 듯 구원을 노래했습니다.

“불행한 인간의 삶에서 가장 빛나는 날은
늘 가장 먼저 달아난다.”

베르길리우스는 이렇게 말했습니다.

“왜 망설이는가?왜 아무것도 하지 않는가? 우리가 붙잡지 않으면 시간은 달아난다.”

하지만 노력한다고 해도 시간을 붙잡을 수는 없습니다. 그러니 세차게 흐르고 있는 물살 또한 언젠가는 멈춘다는 사실을 깨달아야 하죠.

재빨리 물을 마시듯 빠르게 흘러가는 시간을 잘 활용해야 합니다. 베르길리우스는 ‘가장 빛나는 시절’이 아닌 ‘가장 빛나는 날’이라고 표현하며 언제까지고 일을 미루기만 하는 행태를 꾸짖었습니다. 시간은 지금도 빠르게 흘러가는데 왜 그토록 태평하고 느긋하게 몇 개월을, 몇 년을 허비하고 있습니까? 베르길리우스는 우리에게 주어진 매일이 눈 깜빡할 사이에 저만치 달아난다고 했습니다.

유한한 삶을 사는 불행한 인간, 즉 정신없이 살아가는 인간에게 가장 빛나는 날은 늘 가장 먼저 달아난다는 시구의 의미는 조금도 의심의 여지가 없습니다. 마음은 아직 어린아이와 같은데 아무런 마음의 준비도 대책도 없이 덜컥 노년에 접어들었다는 사람이 얼마나 많습니까?

이렇듯 세월은 예고 없이 갑자기 들이닥칩니다. 우리는 하루하루 인생의 마지막이 다가온다는 사실을 알아차리지 못한 채 순식간에 노인이 됩니다.

여행을 떠난 사람이 대화를 나누고, 책을 읽고, 명상에 빠지다가 어느덧 목적지에 도착하듯, 우리가 깨어 있든 잠들어 있든 삶이라는 여정 또한 멈추지 않고 빠르게 마지막을 향해 달려갑니다. 그리고 정신없이 사는 사람은 인생의 끝자락에 다다라서야 이를 깨닫습니다.

과거를 떠올리며
불편한 마음이 든다면

우리 삶은 과거, 현재, 미래로 나뉩니다. 그중 현재는 짧고 미래는 불확실하며 과거는 이미 결정됐습니다. 과거는 운명의 손을 벗어났으니 제아무리 대단한 권력을 가진 사람이라도 지나간 일을 되돌릴 수는 없습니다. 하지만 이런저런 일로 정신이 팔려 바쁘게 사는 사람은 과거를 돌아볼 시간이 없기에 이런 사실조차 잊고 살아갑니다. 또, 과거를 되짚어 볼 시간이 있다고 해도 후회로 가득한 지난날을 돌아보면 유쾌하지는 않을 겁니다.

인생을 헛되이 보낸 사람이라면 과거를 떠올려봤자 지금껏 저지른 악덕이 분명해질 뿐이니 되도록 지난 시절을 생각하고 싶지 않을 겁니다. 당시에는 쾌락에 젖어 무엇이 잘못됐는지 생각조차 하지 못하고 지나쳤겠지만, 돌이켜보면 자신이 저지른 과오가 명백해질 테니까요.

양심을 속이는 행동을 단 한 번이라도 한 적이 있는 사람이라면 누구든 과거를 돌아보는 데 불편함을 느낍니다. 야망에 휩쓸리고, 탐욕에 사로잡히고, 오만하게 남을 경멸하고, 난폭하게 상대를 굴복시키고, 믿음을 배신하고, 지나치게 욕심을 부리고, 분수에 안 맞게 사치를 부린 적이 있다면 과거를 떠올리기가 두려울 수밖에 없습니다.

마음의 갈라진 틈새로 흘러내리는 시간

과거는 운명조차 건드릴 수 없는 신성한 시간입니다. 두려움이나 질병을 비롯한 인간의 어떤 불행도 지난 시간 앞에서는 영향을 미치지 못합니다. 과거는 방해할 수도, 빼앗을 수도 없는 시간인 동시에 영원히 지속되는 온전한 시간입니다.

현재는 한 번에 한 순간씩 주어지며, 그마저도 시시각각 흘러갑니다. 그러나 과거는 원한다면 얼마든지 붙잡아 두고 들여다볼 수 있습니다. 물론 정신없이 살아가는 사람이라면 그럴 시간조차 없을 테지만, 근심 걱정이 없고 마음이 평온한 사람은 자신의 지난 인생을 자유롭게 돌아볼 수 있습니다. 하지만 바쁘게 사는 사람은 경주마의 차안대를 뒤집어쓴 것처럼 고개를 돌리지도, 뒤를 돌아보지도 못하니 결국 삶이 깊은 심연 속으로 가라앉지 않겠습니까?

아무리 물을 많이 쏟아부어도 그릇이 없다면 담을 수 없듯이, 아무리 긴 시간이 주어져도 여유가 없다면 마음의 갈라진 틈새로 삶이 줄줄 흘러내리고 말 겁니다.

현재는 잠시도 멈추지 않고 흐르는
물살과 같습니다

현재는 짧습니다. 가끔은 너무 짧아 시간이 없는 것처럼 느껴질 지경입니다. 잠시도 멈추지 않고 흐르는 물살처럼 빠르게 지나가기 때문이죠. 현재의 시간은 현재에 도착하자마자 과거가 되며, 하늘에 별처럼 한곳에 머무르지 않고 끊임없이 움직입니다.

항상 바쁘게 사는 사람은 순식간에 스쳐지나는, 붙잡을 수 없는 현재에만 몰두합니다. 그마저도 다른 데 정신이 팔리면 어느새 현재와도 멀어지고 맙니다.

죽음에 끌려가는 짧은 인생

어떤 인생이 '짧은 인생'인지 아십니까?

어떻게든 더 살아보겠다고 안달이 난 이들을 보십시오. 죽음이 머지않은 노인은 단 몇 년이라도 더 살게 해달라며 간절히 기도합니다. 나이보다 젊게 행동하면서 스스로를 속이고 운명까지 속일 수 있다고 착각하며 기뻐합니다. 하지만 결국 병들면 자신이 유한한 존재임을 깨닫죠. 그러다 겁에 질려 죽음을 맞닥뜨립니다. 이런 이들에게는 죽음을 맞이한다기보다 죽음에 끌려간다는 표현이 더 알맞을 듯합니다.

그들은 노쇠한 몸으로 지금까지 너무 어리석게 살았노라고, 과거에는 제대로 된 삶을 누리지 못했지만 병을 털고 일어난다면 앞으로는 여유를 즐기며 살겠다고 울부짖습니다. 하지만 지난 시간을 돌이켜보며 마침내 깨닫습니다. 정작 즐기지도 못한 삶을 더 얻겠다고 발버둥질한 노력이 얼마나 허무한 것인지를 말입니다.

아무리 짧은 인생이 주어져도 모자라지 않으니

세상사에서 벗어나 여유롭게 사는 사람의 인생은 얼마나 긴 줄 아십니까? 그들에게는 다른 사람에게 공연히 시간을 빼앗기거나 여기저기에 시간이 흩어질 일이 없습니다. 운명에 맡기는 시간도, 무관심하게 잃는 시간도, 쓸데없이 베푸느라 낭비하는 시간도, 아무것도 하지 않고 버리는 시간도 없습니다. 즉, 그들은 모든 시간에 무언가를 얻습니다.

이런 사람에게는 아무리 짧은 인생이 주어져도 모자라지 않습니다. 그렇기에 현자는 인생의 마지막 날 눈앞에 닥친 죽음을 향해 망설이지 않고 침착하게 걸어갑니다.

게으름을 피우느라
바쁘게 사는 사람들

앞에서 '정신없이 바쁘게 살아가는 사람'을 이야기했습니다. 그들이 구체적으로 어떤 사람인지 궁금하십니까?

대부분 아침 일찍 출근해 늦은 밤까지 법원을 떠나지 않는 변호사, 양 떼처럼 몰려든 지지자 또는 야유를 퍼붓는 적대 세력 사이를 비집고 들어가는 정치인, 공무를 수행하러 집을 나와서는 정처없이 이 집 저 집 문을 두드리고 다니는 호민관, 사회 질서를 어지럽힌 자들을 붙잡으러 다니는 경찰관 같은 사람을 떠올릴 겁니다.

이와 달리 보기에는 여유로운데 스스로 바쁘게 살아간다고 느끼는 사람이 있습니다. 별장에 머무르면서, 또는 푹신한 소파에 앉아서 남에게 방해받지 않고 혼자 있으면서 바쁘다고 느낀다면 그 원인은 자신에게 있습니다.

이런 사람은 여유롭게 사는 것이 아니라 게으름을 피우느라 바쁘게 사는 겁니다. 값이 치솟은 청동 장식품을 정리하고 녹슨 구리 조각을 닦느라 하루를 다 보내는 사람을 보고 여유롭게 산다고 이야기할 수 있겠습니까?

밤새 자라난 머리를 솎아내겠다고 하루에 몇 시간씩 이발소에 머무는 사람을 생각해 보십시오. 양쪽 머리 길이를 놓고 진지한 논쟁을 벌이고, 헝클어진 머리를 정돈하고, 가늘어지기 시작한 머리카락을 끌어다 벗겨진 이마를 덮는 사람이 여유를 즐기는 중일까요? 이런 사람은 이발사가 조금이라도 실수를 저지르면 목을 베인 듯 불같이 화를 냅니다. 또, 갈기 같은 머리카락이 잘못 잘리거나 모양이 흐트러지면 왈칵 신경질을 부리는 사람도 있습니다. 아마 그는 머리카락이 엉망이 되는 꼴을 보느니 나라가 엉망이 되는 게 낫다고 생각하는 모양입니다.

이들은 믿음을 쌓을 시간에 머리카락을 다듬고, 단정하게 보이기보다는 멋을 부리려 합니다. 거울 앞에 앉아 빗질만 하는 사람이 여유를 즐긴다고 볼 수 있겠습니까?

곡을 만들고, 음악을 감상하고, 노래를 배우는 데 정신이 팔린 사람은 또 어떻습니까? 이들은 자연이 선물한 순수하고 깨끗한 목소리를 억지로 비틀어 곡조에 끼워 맞추고, 머릿속에 맴도는 음악에 맞춰 손가락을 튕기고, 진지하고 우울한 자리에서 노래를 흥얼거리느라 바쁩니다. 이렇게 유흥에 빠진 사람은 여유는커녕 게으름을 피우느라 바쁩니다.

연회에 빠진 사람도 마찬가지입니다. 은 식기를 줄지

어 나란히 정리하고, 예쁘장한 시동의 옷매무새를 가다듬고, 요리사가 만든 수퇘지 요리의 만듦새를 확인하고, 화사하게 미소 짓는 소년이 맡은 일을 잘하고 있는지 감시하고, 음식에 새 장식이 제대로 조각되어 있는지 살펴보고, 취객이 튀긴 침을 닦는 시종의 손길이 얼마나 섬세한지 살피느라 분주한 사람을 보고 여유로운 삶을 산다고 할 수는 없습니다. 이들은 단지 연회를 열어 우아하고 세련됐다는 칭찬을 듣고 싶을 뿐입니다. 이런 허영과 욕심은 삶 곳곳에 스며들어 과시하지 않고는 먹지도, 마시지도 못하는 지경에 이르렀습니다.

안락한 의자에 앉아 가마꾼을 시켜 여기저기 돌아다니는 사람 또한 여유와는 거리가 먼 삶을 살고 있습니다. 남의 도움 없이는 목욕도, 식사도 할 수 없으면서 일정이 조금이라도 어긋나면 큰일이라도 난 것처럼 수선을 떠는 사람이 어떻게 여유를 즐길 수 있겠습니까? 이들은 게으름을 피우는 데 익숙해져 옆에서 누군가 알려주지 않으면 스스로 배가 고픈지조차 깨닫지 못합니다.

이렇듯 인간이라면 마땅히 스스로 해야 할 일을 익히지 못해 남의 손을 빌려 사는 데 익숙해진 사람은 욕조에서 의자로 옮겨지고 나서야 "내가 자리에 앉은 건가?"라고 묻습니다. 자신이 서 있는지 앉아 있는지도 모르는 사람이 정녕 무언가를 보고 즐길 여유가 있다고 생각하십니까? 자신의 상태를 정말 모를 수도 있고, 모르는 척을 할 수도 있지만 둘 중 어느 쪽이 더 불쌍한지 모르겠습니다.

이런 사람은 실제로 많은 것을 망각하지만 더러 망각한 척을 할 때도 있습니다. 자신이 얼마나 천하고 비열한 행동과 악덕을 저지르는지 깨닫지 못하고, 이를 부의 증거라 생각하며 기뻐할 겁니다.

어릿광대는 이런 사치스러운 행태를 풍자하며 손가락질합니다. 하지만 요즘에는 도저히 믿기 어려운 악행이 지나치게 흔해진 탓에 오히려 어릿광대 놀음이 현실을 따라잡지 못할 지경에 이르렀습니다. 다른 사람의 입을 통해 자신이 앉아 있다는 사실을 확인해야 할 정도로 사치를 부리다니, 정말이지 황당하기 짝이 없습니다.

이런 사람은 여유로운 삶을 사는 것이 아니라 병들어 있습니다. 아니, 죽은 것이나 다름없습니다. 자신이 여유를 즐기고 있다는 사실을 인식할 수 있어야 비로소 여유를 즐길 수 있습니다. 그러니 다른 사람에게 물어봐야만 자신의 상태를 알 정도로 반쯤 죽어 있는 인생을 사는 사람이 어떻게 잠시나마 삶의 주인 노릇을 할 수 있겠습니까?

쾌락을 탐하느라 바쁘게 사는 사람들

체스를 두느라, 공놀이를 하느라, 햇빛 아래 누워서 몸을 태우느라 평생을 허비하는 사람에 관해서는 굳이 이야기할 필요가 없을 듯합니다. 이런 사람은 쾌락을 탐하느라 바쁘니 진정으로 여유를 즐긴다고 할 수 없지요. 여기서는 별로 중요하지 않은 문학적 문제를 두고 설전을 펼치는 데 심혈을 기울이는 사람을 예로 들어 보겠습니다.

율리시스가 노 젓는 사람을 몇 명이나 뒀는지, 「일리아드」와 「오디세이」 중 무엇이 먼저 쓰였는지, 두 서사시가 같은 저자의 작품인지 등 온갖 사소한 논쟁이 한때는 그리스인에게 국한된 취미였습니다. 그러나 요즘에는 로마에서도 이런 문제에 관심을 두는 사람이 많습니다.

문학 작품을 놓고 혼자 고민한다면 즐거움을 누릴 수 없을 것이고, 고민한 내용을 출간한다면 학자보다 따분한 작자 취급을 받을 겁니다. 어쨌든 요즘에는 로마에서도 헛된 배움에 열정을 품은 사람이 흔히 보입니다.

며칠 전 이런저런 업적을 이룬 최초의 로마 장군이 누

구인지 따지고 있는 한 남자를 봤습니다. 듣자니 최초로 해전에서 승리한 장군은 뒬리우스Duilius이고, 최초로 개선 행렬 앞줄에 코끼리를 세운 장군은 쿠리우스 덴타투스Curius Dentatus라고 했습니다. 최초를 기록한 인물이 누가 됐든 그 영광이 더 커지지는 않지만, 나라에 큰 공을 세웠다는 사실만은 변하지 않습니다. 실질적인 도움이 안 되는 텅 빈 지식이지만 이런 내용이 대중의 흥미를 끌기에는 충분하겠죠.

로마인을 처음으로 배에 태운 인물이 누구인지 아십니까? 바로 클라우디우스Claudius입니다. 클라우디우스의 성姓인 코덱스Caudex는 고대 라틴어에서 기원했습니다. 코덱스는 나무판자를 여러 장 엮어 만든 구조물을 의미하는데, 나무판을 엮어 만든 법전을 코덱스라고 부르는 이유가 여기에 있습니다. 티베르 강을 오가며 식량을 나르는 배에 코디카리아Codicariae라는 명칭을 붙인 이유도 짐작하셨을 겁니다.

또한 메사나를 정복한 최초의 인물인 발레리우스 코르비누스Valerius Corvinus는 발레리 가문에서 처음으로 메사나라는 성씨를 사용하기 시작했습니다. 발레리우스가 정복한 도시에서 유래한 성인 메사나는 이후 입에서 입으로 전해지면서 메살라Messala로 변형됐습니다.

많은 사람이 흥미를 느낄 만한 이야기가 또 있습니다. 원형 경기장인 키르쿠스에 처음으로 사자를 풀어놓은 인물은 루키우스 술라Lucius Sulla입니다. 사슬에 묶인 사자를 경기장에 끌고 나오면 바쿠스 왕이 보낸 투창 선수가 창을 던져 사슬을 끊을 때도 있었다고 합니다.

한편 폼페이우스는 키르쿠스에서 코끼리를 도살한 최초의 인물입니다. 코끼리 열여덟 마리와 범죄자들을 경기장에 몰아넣고 관중 앞에서 살육전을 펼치게 했습니다. 로마 지도자 중 마음씨가 따뜻하기로 유명했다는 기록이 있는 폼페이우스는 새로운 방식으로 인간을 죽이는 행위가 좋은 구경거리가 될 수 있다고 생각했습니다. 나라의 질서를 어지럽힌 자들이 죽을 때까지 치열하게 싸우다가 온몸이 갈가리 조각나는 것만으로는 충분하지 않다고 여겼는지 거대한 짐승에게까지 짓이겨 놓도록 만든 겁니다. 훗날 막강한 권력을 손에 쥔 인물이 나타나 과거의 영광을 되찾겠노라 역사를 반복해서는 곤란하니 이런 끔찍한 이야기는 차라리 망각 속에 버려두는 편이 낫겠지요.

위대한 업적을 세운 이들은 스스로의 위대함에 눈이 멀어버리곤 합니다. 폼페이우스는 다른 대륙에서 자유를 누리던 동물을 경기장으로 끌고 와서 그들로 하여금 가련한 인간을 수많은 관중 앞에 피를 흩뿌리며 죽어가게 했는데,

그때는 언젠가 자신도 피를 흘리게 될 것이라고 생각하지 못했을 겁니다.

그는 자신이 자연을 넘어서는 힘을 손에 쥐었다고 믿었지만, 훗날 알렉산드리아에서 배신당해 노예의 단검에 목숨을 잃었습니다. 폼페이우스는 삶의 마지막에 이르러서야 마그누스Magnus[2]라는 칭호가 얼마나 헛된 자랑이었는지 깨달았습니다.

잠시 이야기가 옆길로 샜지만, 요점은 이런 문제를 두고 진위 여부를 따지느라 불필요한 논쟁을 하는 사람이 있다는 겁니다. 앞서 제가 이야기한 남자는 시칠리아에서 카르타고를 상대로 승리를 거둔 메텔루스Metellus가 로마에서 유일하게 코끼리 120마리를 전차 행렬에 앞세운 인물이라고 말했습니다. 또, 술라가 포메리움[3]을 확장한 마지막 로마인이라고 말하며 과거에는 영지 획득이 아닌 이탈리아인 포획 후 포메리움을 확장하는 것이 관례였다는 내용을 덧붙였습니다. 남자의 주장에 따르면 아벤티노 언덕이 포메리움 내부에 포함되지 못한 이유는 평민의 분리 독립 또는 레무스Remus[4]가 언덕에 터를 잡을 당시 새들이 보인 적의

2 위대한 인물이라는 뜻의 칭호
3 고대 로마 성벽 주위와 안팎에 건축, 거주, 경작이 금지되었던 지대
4 고대 로마의 건국 시조인 로물루스의 쌍둥이 형제

때문이었다고 하는데, 진짜 이유야 무엇이 됐든 로마의 역사를 속속들이 안다고 어떤 이익을 얻을 수 있겠습니까? 게다가 사람들이 떠들어대는 내용 중에는 거짓도 적지 않을 겁니다.

만약 모든 사람이 선의를 가지고 사실만 논한다 하더라도 그 이야기 덕분에 실수를 면하고, 욕구를 억누르고, 용기를 얻고, 정의를 실천하고, 고귀한 마음을 품는 사람이 얼마나 되겠습니까? 제 친구 파비아노Fabianus[5]는 이런 논쟁에 얽히느니 아예 관심을 갖지 않는 편이 낫겠다고 말했습니다.

5 제20대 교황으로 로마의 성인

진짜 여유를 즐기는 시간은
철학하는 시간뿐입니다

진정으로 여유를 즐기는 시간은 철학에 할애하는 시간뿐입니다. 철학을 탐구하는 사람만이 제대로 된 삶을 누릴 수 있습니다. 이들은 자신이 지나온 세월을 온전히 받아들이므로 주어진 수명에서 시간을 더하며 살아갑니다.

감사하게도 지난 시대를 거쳐간 많은 철학자가 우리가 걸어야 할 삶의 방향을 제시해 놓았습니다. 앞서 세상을 살다간 철학자의 노력 덕분에 우리는 아름다움에 눈뜨고 어둠에서 빛으로 나왔습니다. 지난 시대의 철학에 마음껏 접속할 수 있으니 인간의 나약함이 설정한 좁은 한계에서 벗어나서 이제 광활한 시간을 누비며 위대한 정신으로 나아가야 합니다.

우리는 소크라테스와 토론하고, 카르네아데스Carneades[6]와 현상을 의심하고, 에피쿠로스학파와 평정을 찾아보고, 스토아학파와 인간 본성을 극복하고, 키니코스학파Cynicos[7]

6 스토아 철학을 논박한 고대 그리스 회의학파 철학자
7 고대 그리스의 금욕주의 학파로 견유학파로도 불림

와 자신의 본성을 넘어설 수 있습니다. 지금 시대는 우리에게 모든 시대의 철학을 누릴 수 있게 허락해 주었습니다. 이렇듯 위대한 철학자와 함께하는 무한하고 영원한 과거를 마다하고, 순식간에 사라지는 덧없는 시간의 흐름에 머물러야 할 이유가 있겠습니까?

철학자들에게 받는 환대

사회적 의무를 수행한다며 쉴 새 없이 바쁘게 사는 사람이 있습니다. 이들은 매일같이 도시를 돌아다니며 다른 집의 문지방을 넘나들고, 대문이 열린 집만 보이면 기어이 쫓아 들어가 온 동네 소식을 전합니다. 그러나 저마다 다른 욕구를 품고 살아가는 거대한 도시에서 초대하지 않은 손님을 선뜻 맞이해 줄 사람이 몇이나 되겠습니까?

잠에 빠져서, 방탕한 생활에 젖어서, 예의를 차리기 싫어서 문을 닫고 사는 사람이 대부분입니다. 손님을 문 앞에 세워두고는 바쁘다는 핑계로 그냥 지나쳐가는 사람도 있습니다. 만남을 거절하는 것보다는 없는 척하는 편이 낫다며 손님이 북적이는 복도를 피해 뒷문으로 슬쩍 빠져나가는 사람도 있을 겁니다. 전날 마신 술이 덜 깼다는 이유로 방문한 손님을 한참 동안 기다리게 두었다가 비몽사몽의 상태로 손님의 이름조차 제대로 기억하지 못한 채 거만하게 하품을 해대는 사람은 또 얼마나 많겠습니까?

저는 제논, 피타고라스Pythagoras[8], 데모크리토스를 비롯한 훌륭한 학자와 아리스토텔레스, 테오프라스토스Theophrastus[9]와 같은 위대한 철학자를 늘 가까이하려는 사람이야말로 자기 생에 주어진 임무를 제대로 수행하고 있다고 생각합니다. 이런 인물을 찾았다가 '부재중'이라는 말로 문전박대를 당할 일은 없을 겁니다. 언제 방문하든 늘 행복하고 만족스러운 마음으로 돌아갈 수 있을 것이며, 어떤 경우든 빈손으로 집을 나서는 일은 없을 겁니다. 게다가 이 위대한 철학자들은 낮과 밤을 가리지 않고 모든 사람을 반갑게 맞이해 주니 얼마나 좋습니까?

8 피타고라스의 정리를 발견한 고대 그리스 수학자
9 고대 그리스 철학자이자 식물학의 창시자

위대한 철학자는 잘 죽는 법을 가르칩니다

위대한 철학자는 우리에게 잘 죽는 방법을 가르쳐 줍니다. 그들은 우리에게 주어진 시간을 빼앗기는커녕 오히려 자신의 수명을 내어줄 겁니다. 이들과 나눈 대화는 조금도 해롭지 않고, 이들과 쌓은 우정은 결코 우리의 삶을 위험에 빠뜨리지 않으며, 이들을 향한 존경은 값을 요구하지 않습니다. 이들은 상대가 원하는 것이라면 무엇이든 내어주니 만약 많은 것을 얻지 못한다면 이는 우리의 탓입니다.

위대한 철학자에게 크고 작은 일에 조언을 구하고, 언제든 상담을 요청하고, 부끄럽지 않게 진실을 구하고, 순수하게 존경을 표시할 수 있으니 이렇게 좋은 친구와 어울리다 보면 어느새 서로 닮아가지 않겠습니까? 뛰어난 철학자에게 가르침을 구하는 사람에게는 행복한 노년이 기다리고 있습니다.

오랜 세월이 지나도 사라지거나 줄어들지 않는 것

우리가 부모를 선택할 수는 없다고 이야기합니다. 하지만 이는 사실이 아닙니다. 어떤 인물을 부모로 둘지는 당신의 선택에 달려 있습니다. 그러니 고귀한 지식을 지닌 철학자를 어버이로 삼아 어떤 사악함과 비열함에도 굴하지 않는 정신을 물려받으십시오.

철학자를 어버이로 삼은 이에게 물려받은 유산은 나눌수록 더 커지니, 이는 영원에 이르는 길을 가르쳐주고 누구도 끌어내릴 수 없는 높은 곳으로 당신을 안내할 겁니다.

철학자의 가르침은 유한한 존재인 인간이 삶을 연장하고 더 나아가 불멸에 이르게 하는 유일한 방법입니다. 글로 남은 명예와 야망, 돌로 쌓아올린 건축물은 언젠가 무너질 수밖에 없습니다. 시간이 지나면 무엇이든 파괴되기 마련이지만, 철학의 산물만큼은 아무리 오랜 세월이 지나도 사라지거나 줄어들지 않습니다. 오히려 시간이 흐를수록 더 큰 존경을 얻게 될 겁니다. 금방이라도 손에 잡힐 듯 가까이 있으면 질투의 대상이 되지만, 쉽게 닿을 수 없으면 경외의 대상이 되기 때문입니다.

철학자는 평범한 사람을 가두는 울타리에서 벗어나기 때문에 드넓은 삶을 누립니다. 모든 인간을 제한하는 법칙에서 자유롭고, 시대를 가리지 않으므로 신처럼 숭배받습니다. 철학자는 과거를 기억하고 현재를 활용하며 미래를 기다립니다. 모든 시간을 한데 아우르므로 철학자와 함께하면 수명을 연장하는 셈입니다.

밤을 기다리며 낮을 허비하고,
아침을 두려워하며 밤을 흘려보냅니다

과거를 잊고 현재를 소홀히 하며 미래를 두려워하는 사람의 인생은 짧고 불안정합니다. 이런 사람은 삶의 마지막에 접어들어서야 지금까지 아무런 성과도 없이 바쁘게만 살았다는 사실을 깨닫습니다.

그러니 이제 그만 죽게 해달라는 사람이 충분히 긴 삶을 누렸을 것이라고 착각해서는 안 됩니다. 이들은 단지 죽음을 너무 두려워한 나머지 공포를 다스리지 못하고 차라리 빨리 죽어버리는 편이 낫겠다고 생각할 뿐입니다.

또는 하루가 너무 길게 느껴진다는 이유로, 아니면 저녁 식사 시간까지 너무 오래 기다려야 한다는 이유로 충분히 긴 시간을 살았다고 생각해서는 안 됩니다. 이런 사람은 한참 정신을 쏟던 일이 사라지면 도무지 시간이 가질 않는다며 안절부절못합니다.

마치 검투 경기나 흥미로운 구경거리가 생겼을 때 그날이 오기까지 손을 꼽다가 며칠을 그냥 건너뛰길 바라듯 하릴없이 다른 할 일이 생기기만 바랍니다. 이렇게 기다리는 시간은 마냥 길기만 하죠. 안 그래도 찰나에 불과한 쾌락의 시간은 자신의 초조함 때문에 더욱 짧아지곤 합니다. 게다가 한 가지 쾌락에 만족하지 못하고 이런저런 즐거움을 찾아 나서니 그저 흘려보내는 낮 시간은 견딜 수 없이 길게 느껴집니다. 반면에 여자를 품에 안고 술을 마시는 시간은 스쳐 지나가는 것처럼 짧게 느껴질 겁니다.

허튼 이야기로 쾌락을 부채질하는 광기 어린 시인에게도 책임이 있습니다. 어느 서사시에서 제우스는 애인과 사랑을 나누는 시간이 너무 짧다며 밤의 길이를 두 배로 늘렸습니다. 이처럼 신을 앞세워 인간의 나약함에 면죄부를 준다면 악덕에 불을 지피는 꼴이 아니겠습니까? 비싼 대가를 치르고 얻은 밤이 쾌락만 탐하는 인간에게는 너무 짧게 느껴지지 않겠습니까? 이들은 밤을 기다리면서 낮을 허비하고, 밝아올 아침을 두려워하며 밤을 흘려보냅니다.

즐거운 순간에도
불안을 떨치지 못하는 이유

쾌락을 탐하는 사람은 그것을 즐기면서도 늘 불안에서 헤어 나오지 못합니다. 향락에 빠진 순간에도 걱정하죠.

'이 즐거움이 언제까지 갈까?'

최고의 자리에 오른 왕 또한 언젠가 거머쥔 권력이 사라질 것을 걱정하느라 자신에게 주어진 행운을 즐기지 못하고 두려움에 떨며 삽니다.

페르시아의 오만한 왕 크세르크세스Xerxes는 드넓은 평야를 가득 채운 수많은 군사를 내려다보며 눈물을 흘렸습니다. 막강한 병력을 자랑하는 이 군사들이 백 년도 지나지 않아 모두 죽을 것이라는 생각 때문이었습니다.

하지만 인간의 짧은 인생을 원망하며 눈물을 흘리던 크세르크세스는 군사를 바다로, 육지로, 전장으로 보내 몰살시켰습니다. 백 년 후를 내다보던 군대는 순식간에 무너졌습니다.

우리가 즐거울 때조차 두려움에 떠는 이유가 무엇이라고 생각합니까? 쾌락의 바탕이 안정적이지 못하니 거기서 얻는 즐거움은 한순간에 사라지기 때문입니다. 평범한 이들이 누리는 쾌락의 수준을 한참 넘어서는 쾌락조차 순수하게 즐거울 수 없는데, 스스로 비참하다고 말하는 순간에는 어떻겠습니까?

우연히 주어진 행운은 불안정합니다

제아무리 대단한 축복이라도 불안을 가져오기 마련입니다. 우리는 가장 행복해야 할 순간조차 앞으로의 운을 알 수 없어서 불안해합니다. 그래서 번영을 유지하려면 또 다른 번영이 필요하고, 소망이 이루어지면 또 다른 소망을 품습니다.

무엇보다 우연히 주어진 행운은 불안정합니다. 높은 자리에 오른 사람일수록 쉽게 추락하지만, 죽을 운명이란 사실은 누구에게도 기쁨을 주지 않습니다.

그러므로 우연히 행운을 얻은 사람은 이를 지키기 위해서 사는 동안 부단히 노력해야 하므로 매우 힘들게 살 수밖에 없습니다.

인생은 끊임없이 새로운 일거리를 줍니다

위대한 성취를 이루고도 늘 전전긍긍하는 사람은 지나간 시간은 되돌아오지 않는다는 사실을 마음속에 넣어두지 않습니다. 관심사가 사라지면 새로운 관심사를 찾고, 소원이 이루어지면 새로운 소원을 빌고, 야망이 실현되면 새로운 야망을 품기 때문입니다. 이는 고통에서 벗어날 생각은 하지 않고 새로운 고통을 찾아 나서는 꼴입니다.

자기 명예를 힘들게 지켜왔던 사람은 이제는 다른 사람의 명예를 지켜주느라 더 많은 시간을 허비합니다. 또 어렵사리 정치판을 떠난 사람은 다른 정치인의 선거 유세에 열을 올립니다. 재판을 받느라 진땀을 빼던 사람이 어느새 판사가 되고, 판사 자리에서 내려와서는 재판장이 됩니다. 자신의 재산을 건사하느라 쩔쩔매던 사람은 어느새 돈을 받고 남의 재산을 관리해 주고 있습니다. 마침내 전장에서 물러난 장군은 집정관직을 수행하느라 진땀을 뺍니다.

킨키나투스Cincinnatus[10]는 망설임 없이 권력을 포기하고 고향으로 돌아갔지만 곧 쟁기를 놓고 돌아와야 했습니다. 스키피오Scipio[11]는 카르타고에 맞서 싸우는 데 만족하지 않고 한니발Hannibal[12]과 안티오코스Antiochus[13]를 격파했으며, 집정관 자리까지 올랐습니다. 그가 동생을 보호하겠다고 나서지만 않았더라면 제우스와 어깨를 나란히 하는 위대한 인물로 추앙받았을 겁니다. 그는 늘 나라를 위해 일하면서도 민중의 불화를 걱정했으며, 젊은 시절에는 신과 견줄 만한 명예를 경계했으니 마침내 인생의 막바지에 접어들었을 때는 더 이상 야망을 펼칠 수 없음에 기뻐했을 겁니다.

이처럼 부유하게 태어났든, 빈곤하게 태어났든, 어떤 상황에도 불안은 사라지지 않습니다. 인생이 끊임없이 새로운 일거리를 주기 때문이죠. 그러므로 우리는 여유를 바라되 그것에 빠져서 즐겨서는 안 됩니다.

10 공화정을 수호한 고대 로마 정치인
11 고대 로마 장군이자 정치인
12 카르타고의 정치인이자 장군
13 고대 셀레우코스의 왕

인생의 창고를 돌아보는 시간

군중에서 벗어나 여유를 찾으십시오. 남은 시간의 일부라도 자기를 위해 쓰십시오. 게으르고 나태하게 시간을 보내라는 말이 아닙니다. 무지한 대중이 즐기는 쾌락에 타고난 재능을 낭비하라는 이야기도 아닙니다. 이는 휴식이라 할 수 없습니다. 일에서 벗어나서 자기를 위해 보내는 시간 속에서 지금까지 힘써왔던 일보다 더 위대한 목표를 찾을 수 있을 겁니다.

국고에 얼마나 많은 곡식이 있는지 헤아리기보다 자기 인생의 창고를 돌보는 일이 중요합니다. 지금까지는 명예를 높여주지만 행복한 삶에는 크게 기여하지 못하는 문제에 온 정신을 쏟아왔다면 이제 철학을 탐구하는 데 당신의 명석함을 써보십시오.

마음의 눈을 들어
철학을 탐구하세요

조용하고, 안전하고, 위대한 삶을 누리십시오. 성스럽고 고귀한 철학에 몰두하십시오. 철학은 만물의 이치를 알려주고 즐거움을 선사하며 삶과 죽음을 가르쳐줍니다. 우리 영혼 앞에 어떤 운명이 기다리는지, 육신에서 해방된 후 자연이 우리를 어디로 데려갈지, 만물의 원리가 무엇인지 깨닫고 싶다면 철학을 공부해야 합니다.

이제 마음의 눈을 들어 철학을 탐구하십시오. 뜨거운 피가 흐르는 동안 발걸음을 재촉해 더 높은 길로 걸어가야 합니다. 철학을 추구하는 삶 앞에는 귀한 지식이 기다리고 있습니다. 미덕을 실천하고, 욕정을 잊고, 삶과 죽음을 이해하고, 평온함을 누리는 방법이 그 안에 있습니다.

타인의 기준에 맞추느라 분주한 사람만큼 비참한 사람은 없습니다

모두들 괜한 곳에 정신이 팔려 눈코 뜰 새 없이 바쁘게 비참한 삶을 살아갑니다. 그중에서도 타인의 기준에 맞추느라 분주한 사람만큼 비참한 이가 있겠습니까?

이런 사람은 남의 수면 시간에 맞추어 잠을 자고, 남의 속도에 맞추어 걸음을 걷고, 무엇보다 자유로워야 할 사랑과 증오마저 남의 말을 따릅니다. 자신의 삶이 얼마나 짧은지 알고 싶다면 자기 의지에 따라 사는 시간이 얼마나 적은지 살펴보면 됩니다.

수치스러운 죽음

제복을 입은 사람이나 토론장에서 유명세를 떨치는 사람을 부러워할 이유가 조금도 없습니다. 그들이 가진 것은 인생을 희생해서 얻은 대가이기 때문입니다. 그들은 얼마 동안 자신의 이름을 드높이기 위해 남은 삶의 시간을 포기했습니다.

이런 사람들 중에는 야망을 실현하기도 전에 첫째 난관을 넘지 못하고 나가떨어지는 사람도 있고, 온갖 수치와 굴욕을 극복하고 마침내 왕관을 머리에 썼지만 남은 건 한 줄의 묘비명뿐이어서 허탈해하는 사람도 있습니다. 또, 죽음이 얼마 남지 않은 노년에 접어들어서 젊은 시절을 잊지 못하고 무리하게 새로운 목표를 세웠다가 자신의 나약함을 깨닫는 사람도 있죠.

머리가 하얗게 센 변호사가 생판 모르는 사람을 변호하겠다고 재판장 한가운데 서서 무지한 청중의 박수갈채를 받기 위해 열변을 토하다가 숨을 거둔다면 그보다 수치스러운 죽음이 있겠습니까? 잘못된 지향점 때문에 힘에 부쳐

임무를 수행하다가 쓰러지는 일 또한 부끄럽습니다. 장부에 수입을 정리하다가 세상을 떠난 사람의 상속인이 유산을 보고 미소를 짓는다면 이 역시 수치스러운 죽음이 아니겠습니까?

숨 거둘 때까지
일을 놓지 못한다면

섹스투스 투라니우스Sextus Turannius는 평생을 근면하게 살아왔습니다. 하지만 아흔이 넘자 카이사르Caesar는 이제 그만 쉬라며 투라니우스를 해임했습니다. 이에 낙심한 투라니우스는 침대에 누워 하인을 모아놓고 자신이 죽은 것처럼 애도하라고 명했습니다. 저택에서 일하는 하인은 노쇠한 주인의 퇴직을 안타까워하며 통곡했고, 결국 투라니우스는 일자리를 되찾았습니다.

마지막 숨을 거둘 때까지 일을 놓지 못하는 죽음이 훌륭하다고 할 수 있습니까? 끝까지 일을 놓지 못한 사람이 투라니우스뿐만은 아니었습니다.

힘에 부치는 나이까지 일을 붙들고 늘어지는 사람을 주변에서 흔히 찾아볼 수 있습니다. 이들은 노화를 지금껏 맞닥뜨린 다른 고난과 같이 취급하며 육체의 나약함과 맞서 싸웁니다.

로마법에 따르면 군인은 쉰이 되면 퇴역해야 하고, 원로원은 예순이 되면 자리에서 내려와야 합니다. 하지만 법적으로 여유를 즐길 수 있는 나이가 되고도 일을 손에서 놓지 못하는 사람이 얼마나 많습니까?

우리 인생은
계속해서 흐르고 있습니다

나의 것을 빼앗기고, 남의 것을 빼앗으면서 서로의 여가를 망치고 비참하게 만드는 사이에 우리의 삶은 흐르고 있습니다. 아무런 소득도, 즐거움도, 정신적 발전도 없이 말입니다. 다들 원대한 희망만 품고 있을 뿐, 누구도 죽음을 염두에 두지 않습니다.

심지어 죽은 다음의 일을 계획하는 사람도 있습니다. 으리으리한 묏자리를 마련하고, 공적인 업적을 기리고, 화장에 사용할 장작을 마련하고, 호화스러운 장례식을 준비합니다. 하지만 이렇게 짧은 생을 살고 떠난 이에게는 횃불과 촛불로 밝힌 소박한 장례식으로 충분하지 않겠습니까?

행복한
삶에
관하여

Lucius Annaeus Seneca

• • •

행운과 불운에 좌지우지되지는 않겠지만,

만약 선택권이 있다면
저는 좋은 것을 취하겠습니다.

행복으로 가는 방향을 먼저 정하세요

우리는 행복하게 살기를 바라지만 정확히 무엇이 삶을 행복하게 만드는지 알지 못합니다. 행복하게 살기란 쉽지 않습니다. 행복에 가까워지려고 애쓸수록 오히려 잘못된 길을 선택해서 행복이란 목표에서 멀어지기도 하죠. 애초에 방향을 반대로 잘못 잡았다면 노력할수록 점점 더 빠르게 행복에서 멀어지지 않겠습니까? 그러니 먼저 목표를 정확히 세워야 합니다. 그런 다음 목적지로 가는 가장 빠른 길을 찾아야 하죠.

당신이 올바른 방향으로 들어선다면 자연스러운 욕구를 따르면서도 하루하루 행복에 얼마나 가까이 다가갔는지 알 수 있습니다. 하지만 여기저기서 들려오는 사람들의 말만 따라서 마음이 떠돈다면 잘못된 길로 들어설 수밖에 없습니다. 그렇게 되면 선한 마음으로 행복을 추구하려 밤낮으로 노력해도 그저 방황하며 짧은 생을 허비하고 말 겁니다.

많은 사람이 가는 길을 멀리하세요

어디로, 어떻게 갈지 결정할 때는 그곳을 미리 탐험해 본 노련한 길잡이에게 조언을 구해야 합니다. 행복을 향한 여정은 평범한 여행과 다르기 때문입니다. 평범한 여행이라면 그저 잘 알려진 길을 찾아 현지인에게 방향을 물어보면 쉽게 목적지에 도착할 수 있겠죠. 하지만 행복으로 향하는 여정에서는 지나다니는 사람이 많을수록 잘못된 길일 확률이 큽니다.

앞서가는 무리를 따르는 양 떼처럼 행동하지는 마십시오. 당신이 가야 할 길이 아닌 그저 많은 사람이 지나간 길에 들어서면 안 된다는 뜻입니다. 세간에 떠도는 소문에 혹해서 많은 사람이 선택하는 길이 가장 좋은 길이라고 판단한다면 정말 좋은 것을 놔두고 가짜만을 취하게 될 것입니다. 이런 선택은 결국 심각한 문제를 맞닥뜨리게 합니다.

자신의 이성을 따르지 않고 그저 타인을 흉내 내며 살지 않기를 바랍니다. 많은 사람이 줄지어 같은 길을 향해서 돌진하면 모두 얽히고설켜 넘어지고 맙니다. 수많은 사람이 한데 엉켜 서로 밀고 밀리는 상황에서는 누구든 자기가 넘어질 것 같으면 주변 사람을 붙잡고 매달릴 수밖에 없습니다. 그러면 뒤따라오는 사람까지 함께 우르르 넘어져 파멸로 치닫게 되겠죠. 우리네 삶이 이와 같습니다. 이런 경우는 오롯이 혼자만 잘못되지 않아요. 한 사람이 잘못된 길을 선택했다가 넘어지면 앞만 보고 뒤따라가다가 넘어지는 사람도 생기기 마련입니다.

자신이 갈 길은 스스로 정하세요

무작정 앞선 무리를 따라가지 않도록 조심하십시오. 스스로 결정하지 않고 무턱대고 타인을 따르다 보면 제대로 된 판단을 내릴 수 없습니다. 예전부터 그렇게 해왔다는 이유만으로 잘못된 선례를 따라가면 몰락하고 말 겁니다. 자멸하고 싶지 않다면 군중 심리에서 벗어나야 합니다.

하지만 군중은 실수를 인정하기 싫어하니 논리를 들고 나와서 시비를 걸 겁니다. 선거에서도 같은 현상이 늘 나타납니다. 민심은 변덕스러워서 투표가 끝나면 대중은 자신이 뽑아놓은 후보를 비난하곤 합니다. 현명한 지도자, 바람직한 행정관이 될 사람이라며 제 손으로 골라놓고는 헐뜯는 일이 빈번하죠.

왜 늘 이런 일이 일어날까요? 이는 스스로 내린 결정이 아니라 군중 심리에 휩싸여 무작정 다수의 의견에 동조한 결과입니다.

자신과 대화를 나누세요

행복한 삶을 바란다면 투표를 앞둔 유권자처럼 "이쪽을 선택하는 사람이 가장 많은 것 같아."라고 이야기해서는 곤란합니다. 다수가 선택하는 길이 올바른 방향이라고 생각하기 쉽지만, 오히려 잘못된 판단 쪽에 사람이 몰리는 경우가 많기 때문입니다.

그러니 대중이 흔히 선택하는 길을 따르기보다 무엇이 자신에게 최선일지 고심해야 합니다. 또한 최악의 논리를 옹호하는 상스러운 이들을 경계하고, 무엇이 지속 가능한 행복을 가져다줄 수 있는지 고민해 보길 바랍니다.

제가 말하는 '상스러운 이들'은 거적을 걸친 하층민일 수도, 보석으로 치장한 왕족일 수도 있습니다. 어떤 옷을 입고 있는지는 하나도 중요하지 않습니다. 겉모습으로 사람을 판단하면 안 됩니다. 진실과 거짓을 판단하려면 마음의 눈으로 상대를 바라봐야 합니다.

우리의 마음은 자신에게 무엇이 이로운지 판단하는 능력을 지니고 있습니다. 이것이 마음에 여유를 가지고 자신과 충분히 대화해야 하는 이유입니다.

자신과의 대화는 처음에는 꽤나 어색하고 괴롭겠지만 마침내 스스로 진실을 털어놓게 될 겁니다.

'지금까지 내가 한 일을 되돌릴 수 있다면 좋을 텐데……. 여태 내가 입 밖으로 뱉었던 말을 생각하면 차라리 벙어리였기를 바랄 정도군. 내가 간절히 바랐던 소망은 나의 몰락을 바라던 원수의 기도였고, 내가 두려워하던 것이 사실은 내가 갈망하던 것이었어. 나는 많은 사람과 적대적인 관계였지만 악한 이와도 우정을 쌓을 수 있다고 믿었기에 적의를 호의로 바꾸기도 했어. 그런데도 아직 나 자신과는 화해하지 못하고 있네.'

당신을 부러워하는 사람을 경계하세요

저는 저의 뛰어난 재능을 뽐내려고 갖은 애를 써 왔습니다. 그런데 이는 오히려 적의 화살을 유도하는 표적이 되었습니다. 저를 시기하는 자에게 약점을 드러낸 셈이 되었으니까요.

혹시 주변에 당신의 말에 찬사를 보내고, 당신의 부를 탐내고, 당신의 환심을 사려고 애쓰고, 당신의 능력을 칭송하는 사람이 있습니까? 당신의 적이거나 적이 될 수도 있는 사람들입니다. 당신을 부러워하는 사람이 많다면 그만큼 시기하는 사람도 많을 겁니다. 그러니 타인에게 자랑하며 보여줄 수는 없지만 스스로 느낄 수 있는 선을 추구하면 어떻겠습니까?

대중이 발길을 멈추고 말을 잃은 채 경외에 찬 눈으로 바라보는 사람에게는 틀림없이 시선을 끄는 매력이 있습니다. 그러나 겉으로 보이는 모습이 그의 전부는 아닐 겁니다. 그 사람의 내면에는 남모를 고뇌가 담겨 있답니다.

간절히 원하는 것은 당신 옆에 있습니다

겉보기에만 그럴싸한 무언가를 좇으면 안 됩니다. 내실이 단단하고 선하며 겉으로 드러나지 않는 아름다움을 간직한 것을 발견해야 합니다.

멀리서 찾을 필요는 없습니다. 어디로 손을 뻗어야 할지 안다면 쉽게 얻을 수 있습니다. 혹시 당신은 바로 옆에 간절히 원하는 목표를 놔두고, 어둠 속을 헤매며 여기저기에 부딪히고 있지 않습니까?

자연과 균형을 이루는 삶이 행복한 삶입니다

스토아학파 철학자라면 으레 그렇듯 저 또한 자연을 소중히 여깁니다. 진정한 지혜는 자연 안에 있으니까요. 우리는 자연의 법칙과 예시에 따라 자신을 가다듬어 나가야 합니다. 자연과 인간의 본성이 조화를 이루는 삶이야말로 행복한 삶입니다.

행복한 삶을 살고 싶다면 어떤 일이 생겨도 건전한 정신과 균형 잡힌 마음을 잃지 말아야 합니다. 또한 대담하고 활기찬 태도가 필요합니다. 어떤 상황이 닥쳐도 잘 살아갈 수 있도록 용감하고 굳건한 의지가 있어야 하죠. 또 건강에 주의를 기울이되 지나치게 신경을 곤두세워서는 곤란합니다.

삶에 아름다움을 더하는 것에 가치를 두되 어느 하나를 과대평가하지 않도록 주의하세요. 무엇보다 행운의 여신이 부를 선사한다면 누리되, 재물의 노예가 되지 않도록 조심하십시오. 제가 굳이 당부하지 않아도 알고 있겠지만, 당신을 흥분시키거나 불안하게 만드는 것들이 사라져야 영원한 평화와 자유를 누릴 수 있습니다.

관능적인 쾌락과 부패로 흐르기 쉬운 물질적인 것은 가장 비천한 범죄와 얽혀 있습니다. 그 대신 불변의 기쁨, 평화, 고요, 위대한 정신, 친절함 같은 정신적인 것을 추구하시길 바랍니다. 인간의 모든 야만성은 정신의 나약함을 드러냅니다.

선은 여러 형태로 표현되지만 결국 같습니다

최고의 선이라는 개념은 여러 가지 단어로 표현되곤 합니다. 마치 군대의 전투 대열과 같죠. 넓은 지역에 듬성듬성 배열할 때도 있고, 작은 원형으로 밀집할 때도 있고, 가운데를 비워둔 채 양쪽으로 길게 날개를 펼친 대형일 때도 있고, 일렬로 정렬할 때도 있습니다. 그런데 군대가 어떤 대열을 취하든 그 힘과 충성심은 변하지 않습니다.

최고의 선이라는 개념 또한 폭넓게 표현할 때도, 짧게 압축해서 표현할 때도 있는데, 그 알맹이는 같습니다.

제가 최고의 선을 "우연히 손에 들어온 행운을 멀리하고 미덕에서 즐거움을 찾는 정신"이라고 이야기하거나 "세상에 관한 깊은 이해이자 타인에 대한 예의 바르고 사려 깊으며 온화한 태도, 즉 꺾이지 않는 마음의 힘"이라고 다르게 표현해도 결국 의미는 같습니다.

또는 선한 마음과 악한 마음 외에는 어떤 선악도 존재하지 않는다고 생각하는 사람이야말로 행복하다고 정의할 수도 있습니다. 그런 사람은 명예를 추구하고, 자신이 지닌 미덕에 만족하며, 행운에 들뜨거나 악운에 낙담하지 않습니다. 또한 자신이 선택할 수 있는 선을 가장 높이 여기되 쾌락은 피하면서 즐거움을 찾습니다.

애쓰지 않아도 행복할 수 있습니다

행복한 삶을 바란다면 자유롭고, 올바르고, 의연하고, 한결같으며 두려움과 욕망에서 벗어나야 합니다. 명예를 유일한 선으로, 수치를 유일한 악으로 여기십시오. 이외의 것들은 행복한 삶에 어떤 영향도 미치지 못하고, 최고의 선에 가치를 더하지도 빼지도 못하는 사소하고 무가치한 요소일 뿐입니다.

이런 원칙을 지닌 사람이라면 굳이 애쓰지 않아도 언제나 명랑하고 행복하게 살 수 있습니다. 가지지 못한 것에 욕심내지 않고 자신에게 주어진 것에서 기쁨을 찾기 때문입니다.

이에 비하면 비루한 육체가 누리는 찰나의 쾌락은 하찮고 우습지 않겠습니까? 행복한 이들은 스쳐가는 쾌락과 통증 따위는 아무렇지 않게 흘려보낼 수 있습니다.

우연히 주어진 행운을 경계하세요

욕망은 변덕스러워 조금도 신뢰할 수 없는데다가 고통이 뒤따릅니다. 욕망과 고통의 굴레에 사로잡힌 사람은 죄악을 저지르는 것과 같습니다. 우리는 욕망과 고통에서 벗어나 자유로워져야 합니다.

자유를 얻으려면 무엇보다 우연히 주어진 행운을 경계해야 합니다. 일단 그럴 수만 있다면 값어치를 매길 수 없는 귀한 축복과 평화, 고귀함을 얻을 수 있습니다. 또, 거짓없는 진리를 추구하면서 언제나 변함없이 큰 즐거움을 누릴 수 있습니다. 그런 길을 따른다면 그저 그런 선이 아닌 진실한 선에서 비롯한 배려와 명랑함을 갖추며 살 수 있습니다.

어리석은 자의 이성은 자신에게 해를 끼칩니다

행복한 사람은 이성이 있다는 사실에 감사하며, 욕망과 두려움에 좌지우지되지 않습니다.

돌멩이와 짐승도 욕망과 두려움에서 자유로울 수 있지만, 이들을 보고 행복하다고 말하는 이는 없습니다. 본성이 우둔하고 자의식이 부족한 사람은 짐승과 다를 바가 없습니다. 그들은 짐승과 달리 이성이 있지만, 그들이 지닌 이성은 교활하게 비뚤어져서 결국 자신에게 해를 끼치기 때문입니다.

쾌락은 우리를 시험에 들게 합니다

행복한 삶을 원한다면 진실하고 믿을 만한 통찰력을 가져야 합니다. 정신이 악에 물들지 않고 자유롭기 위해서는 작은 생채기뿐 아니라 깊은 상처에도 쓰러지지 않고 언제나 단단히 서 있어야 하죠. 분노하며 날뛰는 운명의 위협에 흔들리지 않고 스스로를 지킬 줄 알아야 합니다.

그러나 도처에는 육체적 쾌락이 똬리를 틀고 앉아 호시탐탐 당신을 시험에 빠뜨리려 합니다. 온갖 수단과 방법으로 사방에서 당신의 마음을 사로잡으려고 애쓰고 있어요. 당신의 전부, 아니 일부라도 집어삼키고 현혹하기 위해서 갖가지 책략을 구사하고 있습니다.

영혼의 안녕을 포기한 채 밤낮으로 육체적 쾌락에만 젖어 사는 사람은 행복을 찾을 수 없습니다. 진실에서 멀어진 사람은 결코 행복할 수 없습니다.

올바른 판단을 내리는 사람은 행복합니다

누군가는 "영혼도 나름대로 쾌락을 즐길 수 있지 않습니까?" 하고 반박할지 모릅니다.

물론 영혼도 사치와 쾌락을 누리고, 오감을 즐겁게 하는 기쁨에 흠뻑 빠지고, 과거에 경험했던 즐거움과 이제는 사라져 버린 관능을 떠올리며 해묵은 쾌락을 곱씹을 수 있습니다. 또한 육체는 어쩔 수 없이 현재에 머무르고 있지만, 영혼은 미래에 다가올 쾌락을 기대하며 희망을 품을 수도 있겠죠. 하지만 그럴수록 영혼은 더욱 비참해질 겁니다. 깨어 있는 사람은 선을 두고 악을 선택할 리 없습니다. 또한 해로운 쾌락을 최고의 선이라 여기면서 그것을 얻기 위해 갖은 애를 쓰는 사람이 제정신일 리는 없겠지요. 쾌락을 목표로 하는 사람은 행복해질 수 없습니다.

행복한 사람은 모든 상황에서 올바른 판단을 내립니다. 어떤 상황에 처하든 현실에 만족할 줄 알기 때문입니다. 주어진 삶에 맞게 이성적으로 행동할 수 있는 사람이야말로 행복한 사람입니다.

쾌락과 미덕은 다릅니다

쾌락을 최고의 선이라고 여기는 사람조차 자신이 불명예스러운 판단을 했다는 사실을 알고 있습니다. 그들은 쾌락과 미덕을 구분할 수 없다고 주장합니다. 명랑하게 살 수 없으면 명예로운 삶을 살 수 없고, 명예롭게 살 수 없으면 명랑하게 살 수 없다는 식의 억지 논리를 펼칩니다.

하지만 저는 완전히 다른 두 개념을 어떻게 하나로 엮을 수 있는지 이해되지 않습니다. 도대체 무엇 때문에 쾌락과 미덕을 떨어뜨려 생각할 수 없습니까?

물론 모든 선은 미덕에서 비롯되기에 우리가 아끼고 갈망하는 모든 것은 미덕에 뿌리를 두고 있습니다. 하지만 쾌락과 미덕을 구분할 수 없다면 명예롭지 못하지만 즐거운 것도, 무엇보다 명예롭지만 고통을 감내하고 어렵게 얻어야 하는 것도 없어야 합니다.

가장 비천한 삶에도 쾌락은 존재하지만 사악한 삶에는 미덕이 존재할 수 없습니다. 또한 어떤 사람은 쾌락이 없어서가 아니라 쾌락 때문에 불행한 삶을 살고 있죠. 그러니 쾌락과 미덕은 불가분의 관계라고 할 수 없습니다. 미덕은 쾌락과 별개로 존재하며 쾌락을 필요로 하지 않는 미덕도 때로 존재합니다.

공존할 수 없는 두 가지를 하나로 엮는 이유가 무엇이라고 생각합니까? 미덕은 고귀하고 숭고하며 거룩한데다가 꺾이지도 지치지도 않습니다. 반면 쾌락은 비천하고 저급하며 나약한데다가 쉽게 사라집니다.

술집과 사창가를 거처로 삼는 쾌락과 달리 미덕은 신전과 광장, 원로원에서 주로 나타납니다. 햇볕에 검게 그을린 미장이의 굳은살이 딱딱하게 박여 먼지로 뒤덮인 손바닥에서 관찰될 때도 있습니다.

하지만 쾌락은 타인의 시선을 피해 목욕탕이나 사우나처럼 으슥한 장소에 스며듭니다. 감찰관이 드나드는 곳을 피해 포도주와 향수 냄새를 풍기며, 두꺼운 화장으로 창백해진 부드럽고 말랑한 낯에서 드러납니다.

최고의 선은 변하지 않습니다

최고의 선은 영원불변합니다. 한계가 없기 때문에 지나치게 추구해도 후회할 일이 없습니다. 올바르게 사고하는 영혼은 절대 변화하지 않고, 스스로를 혐오하지 않습니다.

선은 어떤 상황에도 변화하지 않습니다. 하지만 쾌락은 가장 즐거운 순간에 사라집니다. 대단한 힘도 없기 때문에 쉽게 질리고 싫증이 나기 마련이죠. 쾌락의 즐거움은 찰나일 뿐 금세 소멸됩니다. 쉽게 변하는 것을 믿어서는 안 됩니다.

순식간에 나타났다가 사라지는 것에는 본질이 존재할 수 없습니다. 쾌락은 멈춰야 할 때에 계속 나아가며, 시작과 동시에 끝을 찾습니다.

즐거움의 노예가 아닌
삶의 주인이 되십시오

악한 사람뿐 아니라 선한 사람도 쾌락을 느낍니다. 다만 악한 사람이 불명예스러운 것에서 쾌락을 찾는다면 선한 사람은 고귀한 것에서 쾌락을 찾습니다.

우리 선조는 삶에서 강렬한 쾌락이 아닌 최고의 선을 추구해야 한다고 했습니다. 쾌락은 삶의 안내자가 될 수 없습니다. 올바른 사고와 명예로운 영혼을 갖추면 쾌락은 저절로 따라옵니다.

우리는 자연을 길잡이로 삼아야 합니다. 자연을 관찰하고, 자연에서 조언을 구하십시오. 행복한 삶이란 자연에 따라 사는 삶입니다.

조금 더 자세히 설명해 보겠습니다. 모든 것은 빠르게 변화합니다. 우리는 타고난 육체적 본성과 자연적 욕구를 조심스럽고 용감하게 지켜내야 합니다. 육체적 본성과 자연적 욕구의 노예가 되거나 자기 존재의 바깥에 존재하는 무언가에 지배당해서는 안 됩니다. 육체적 쾌락과 외부에서 얻는 즐거움은 삶에서 어디까지나 부차적인 요소로 남아야 합니다.

즐거움의 노예가 아닌 삶의 주인이 되십시오. 이때 비로소 쾌락과 욕구는 당신의 영혼에 가치를 더할 겁니다.

열쇠는 나의 내면에 있습니다

삶에 균형을 유지하면서 외부의 요소에 너무 휘둘리지 않도록 조심하십시오. 자신을 존중하고 자기 영혼을 자랑스럽게 여기십시오. 인생에 행운이나 불운이 찾아와도 흔들리지 않도록 단단히 준비해야 합니다. 자신감을 얻으려면 지식이 있어야 하는데 지식을 얻으려면 꾸준함이 필요합니다. 결심했다면 우직하게 밀고 나가 자신이 세운 원칙을 어기지 마십시오. 방금 당부한 대로 행동한다면 언제나 평온하고 침착하며, 고상하고 사려 깊은 태도를 갖추게 될 겁니다.

당신의 이성이 감각을 따라 진리를 추구하다가 다시 출발점으로 돌아오게 하십시오. 다른 방법이나 과정으로는 진리를 추구할 수 없으니, 이성은 반드시 내면으로 복귀되어야 합니다. 온 우주 삼라만상을 관장하는 신조차 밖을 향해 있지만 어디에서나 그 자신에게 귀의합니다. 당신의 영혼도 이와 같습니다. 감각을 따라서 바깥세상을 유영하다가 스스로의 주인이 되어 돌아옵니다. 이렇게 당신의 이성은 바깥세상에서 얻은 힘과 능력을 조화롭게 활용해서 서로 다른 두 의견 사이에서 당황하지 않는 법을 배우고, 확고한 신념과 개념, 인식을 형성하게 되는 겁니다.

어떤 일을 할 때 주저하는 이유는

다양한 구성 요소가 질서에 따라 화합하는 영혼, 즉 조화로운 영혼은 최고의 선을 이룰 수 있습니다. 사악하거나 위험한 것은 조금도 남아 있지 않으니 그 무엇도 영혼을 괴롭히거나 위협할 수 없기 때문입니다.

조화를 이룬 영혼은 자기 의지에 따라 모든 결정을 내릴 것이며, 미처 알아차리지 못한 걸림돌에 걸려 넘어질 일도 없을 겁니다. 모든 행동에 좋은 결과가 따르고, 무슨 일을 하든 쉽고 순탄하게 풀려나갈 겁니다.

어떤 일을 할 때 지체하거나 주저하는 이유는 목적이 명확하지 않기 때문입니다. 저는 최고의 선은 영혼의 조화라고 분명히 말할 수 있습니다. 미덕은 화합을, 악덕은 갈등을 이끌어냅니다.

쾌락은 목적이 아니라 부산물입니다

"미덕을 쌓는 이유가 결국 쾌락을 얻기 위해서 아닙니까?"

이렇게 반박하는 사람도 있을 겁니다.

미덕이 쾌락을 가져올 수는 있겠지만, 쾌락 때문에 미덕을 추구한다는 주장은 잘못됐습니다. 미덕을 쌓는 목적은 쾌락이 아닙니다. 단지 미덕을 좇으려 노력하다가 우연히 쾌락이 주어질 뿐입니다.

옥수수를 심으려고 들판을 경작하다 보면 농작물 사이에서 몇몇 꽃송이가 고운 얼굴을 드러내곤 합니다. 이렇게 핀 꽃은 눈을 즐겁게 하지만, 꽃을 감상하기 위해 옥수수밭을 경작했다고 이야기할 수는 없지 않겠습니까? 옥수수밭에 핀 꽃과 마찬가지로 쾌락은 미덕의 목적이 아니라 미덕을 추구하는 과정에서 생기는 부산물이죠. 즉, 쾌락이 미덕을 좇는 이유가 될 수 없습니다. 단지 미덕을 추구하는 과정에서 쾌락이 주어질 뿐입니다.

무엇을 얻으려고
미덕을 쌓습니까?

미덕을 추구하는 의지와 고귀한 영혼을 얻으려는 태도가 조화를 이룰 때 비로소 최고의 선을 이룰 수 있습니다.

그런데 미덕을 쌓아 마침내 자신의 한계 안에서 최고의 선에 도달했다면 그 너머를 바라서는 안 됩니다. 온전함의 바깥에는 무엇도 존재하지 않으며, 더 이상 추구할 수 있는 목적이 없기 때문입니다. 따라서 무엇을 얻으려고 미덕을 쌓느냐는 질문은 애초에 틀렸습니다. 이는 최고의 선 위에 무엇이 있느냐는 물음과 같기 때문입니다.

제게 미덕을 추구하는 목적이 무엇이냐고 물으신다면, 미덕 그 자체라고 대답하겠습니다. 미덕보다 나은 것은 없으니, 미덕이야말로 가장 귀한 보상입니다. 미덕만으로는 충분하지 않다고 생각하십니까?

최고의 선은 어떤 시련에도 꺾이지 않는 영혼의 힘이자 지혜이며, 관용, 공정한 판단, 자유, 조화, 그리고 아름다움입니다. 이렇게 대단한 선물을 받고도 아직도 더 큰 보상을 원합니까? 쾌락은 여기에 고려할 대상조차 못 됩니다. 저는 육체적 즐거움이 아닌 선을 추구하려고 합니다. 육체적 즐거움에 관해서라면 짐승에게 더 좋은 대답을 얻을 수 있지 않겠습니까?

행복은 쾌락이 아닌
절제에서 비롯됩니다

쾌락에만 온통 정신이 팔린 채 인생을 허비하는 사람이 어리석다는 사실을 모르는 사람은 없습니다. 악덕은 비뚤어지고 사악한 쾌락을 가져올 뿐이라는 사실도 잘 알고 계실 겁니다. 예를 들면 오만함이나 지나친 자기애, 타인보다 자신을 높게 여기며 뻐기는 태도, 자기 관심사를 향한 맹목적이고 편파적인 태도, 사치와 방종, 하찮고 유치한 데서 얻는 과한 즐거움, 불필요한 언사, 타인을 깎아내리고 스스로를 추켜올리면서 느끼는 교만, 조금도 노력할 줄 모르는 나태하고 우둔한 영혼을 들 수 있겠습니다.

반면 미덕을 지닌 사람은 쾌락에 손을 뻗기 전에 과연 그 쾌락이 얼마나 가치가 있는지 판단하고, 악덕을 선택하지 않도록 절제합니다. 간혹 쾌락을 선택하더라도 이는 흘러가는 물결일 뿐, 쾌락이 고여 있도록 놔두지 않습니다. 미덕을 추구하는 사람의 명랑함은 쾌락이 아닌 절제에서 비롯됩니다. 다른 이들은 쾌락에 빠져 즐거움을 만끽하지만 그들은 쾌락을 경계하고 이용합니다.

나약한 적에게 굴복당한다면

현자들은 쾌락을 얻으려 애쓰지 않습니다. 뭐가 됐든 무언가에 지배당하는 사람이 현명하다고 할 수는 없습니다. 그 무언가가 쾌락이라면 고민할 필요조차 없겠죠. 한낱 쾌락에 굴복당하는 이가 인생을 살면서 마주하는 온갖 위협과 욕구, 가난에 맞서서 싸울 수 있겠습니까? 그토록 나약한 적에게 굴복당하는 사람이 어떻게 죽음과 고통을 마주하고, 세상의 격동을 견디고, 수많은 외부의 적에게 대항할 수 있겠습니까? 쾌락이 귓가에 대고 속삭이는 유혹이 얼마나 많습니까?

물론 이렇게 반박할 수도 있습니다.

"쾌락에도 미덕이 있으니 악행을 유도하지는 않을 겁니다."

하지만 앞서 말했듯 선함을 확인해 주는 길잡이가 필요하다면 이는 최고의 선이 될 수 없습니다. 또한 미덕이 쾌락을 따른다면 어떻게 미덕이 쾌락보다 우위에 있다고 말할 수 있겠습니까? 상관이 부하를 뒤따르며 명령에 복종할 수는 없는 노릇이지 않습니까? 아랫사람의 뒤꽁무니를 쫓아다니면서 명령을 내리는 지휘관은 없습니다.

즐거움이 선사하는 광기

특정 학파에 따르면 쾌락은 미덕의 시험자라는 아주 높은 지위를 지니고 있습니다. 하지만 그렇게 미덕을 멸시해서는 과연 미덕으로 남을 수 있을지 모르겠습니다. 제자리를 잃은 미덕을 어떻게 미덕이라고 할 수 있겠습니까? 식도락가로 명성을 떨치며 쾌락에 사로잡힌 인물을 예로 들어 제 주장을 뒷받침해 보겠습니다.

노멘타누스Nomentanus와 아피키우스Apicius를 보십시오. 두 사람은 육지와 바다에서 난 산해진미로 만찬을 차려놓고 식탁에 올라온 온갖 고기의 맛을 평가했습니다. 장미를 뿌려둔 침대에 누워 귀로는 감미로운 음악을 듣고, 눈으로는 아름다운 장식을 감상하고, 혀로는 맛있는 음식을 맛보고, 몸에는 포근하고 부드러운 옷을 걸쳤습니다. 사치스러운 향기가 온 연회장을 가득 채웠으니 심지어 콧구멍조차 기뻐하지 않았겠습니까?

누구도 이보다 쾌락적인 삶을 누리지는 못했습니다. 하지만 선하지 않은 쾌락을 즐겼으니 이들의 마음이 편하지는 못했을 겁니다.

“허튼 생각이 머리를 어지럽히고, 서로 다른 의견이 정신을 흐트러뜨리니 노멘타누스와 아피키우스는 편치 못한 삶을 살았을 것”이라고 평가하는 이가 있습니다. 저도 같은 생각입니다.

그러나 어리석고, 변덕스럽고, 후회를 일삼는 사람은 여전히 더 큰 쾌락을 좇을 겁니다. 올바른 판단을 내리지 못하니 쾌락을 좇으면 불안 또한 멀어질 것이라고 이야기합니다. 사실 많은 사람이 즐거움을 선사하는 광기에 사로잡혀 요란스럽게 웃음을 터뜨리며 살아갑니다.

틈틈이 시답잖은 농담을 던지듯

현자가 누리는 쾌락은 부드럽고 점잖으며 조용한데다가 아주 절제되어 있습니다. 주의를 기울이지 않으면 보이지 않고 지나치기 쉽죠. 이런 종류의 쾌락은 억지로 불러일으킬 수 없습니다.

현자는 쾌락이 스스로 찾아온다고 하더라도 환대하지 않습니다. 마치 진지하게 일하면서 틈틈이 시답잖은 농담을 던지듯 인생의 빈 공간에 쾌락을 끼워 넣을 뿐입니다. 쾌락을 이렇게 받아들이면 어울리지 않는 요소를 한데 합쳐서 쾌락과 미덕을 하나로 취급하는 실수는 일어나지 않을 겁니다.

나태함에 명예로운 이름이 주어지면

늘 술에 취해 포도주 냄새를 풍기는 무모하고 방탕한 사람은 자신이 미덕이 넘치는 삶을 살고 있다고 착각합니다. 늘 쾌락에 절어 있는 사람은 어디선가 미덕과 쾌락은 따로 존재할 수 없다는 말만 듣고는 숨겨야 할 악덕을 지혜라고 포장해 자랑스럽게 내보입니다.

에피쿠로스Epikouros[1]의 탓은 아닙니다. 이런 이들은 철학이라는 그럴듯한 변명을 붙여가며 쾌락을 추구한다는 학파를 찾아 몰려가고 있습니다. 이들은 에피쿠로스가 이야기하는 '쾌락'이 얼마나 냉정하고 절제됐는지는 관심조차 없어요. 그저 쾌락이라는 단어만 보고 자신이 행하는 악덕을 감싸줄 방패를 찾을 뿐입니다.

이렇게 악한 삶을 사는 사람은 마침내 하나 남은 미덕, 즉 자신이 수치스럽고 잘못된 삶을 살고 있다는 자각조차 잃게 됩니다. 한때 부끄러워하던 짓을 찬양하며 악덕을 자

1 쾌락주의를 추구한 고대 그리스 철학자

랑스러워하는 지경에 이르렀기 때문입니다. 수치스러운 나태함에 명예로운 이름이 주어지면 겸손함은 결코 힘을 되찾을 수 없습니다.

자연으로는
사치를 부릴 수 없습니다

스토아학파를 따르는 제 동료 철학자는 반대할지 모르겠지만 저는 에피쿠로스학파의 가르침이 올바르고 신성하며, 어떤 면에서는 근엄하다고 생각합니다.

에피쿠로스가 주창한 쾌락을 자세히 살펴보면 미덕과 같은 법칙을 적용하고 있기 때문입니다. 에피쿠로스는 쾌락을 수단으로 자연에 따르라고 이야기했습니다. 하지만 자연으로 사치를 부리며 만족하기란 쉽지 않습니다.

악행을 감춰줄 선한 후원자

나태함, 식탐, 방탕함이 행복을 가져온다고 생각하는 사람에게는 자신의 사악한 행동을 감춰줄 선한 후원자가 필요합니다. 이런 사람은 쾌락이라는 표현에 현혹돼 에피쿠로스학파의 일원이 되지만, 학파에서 추구하는 쾌락을 따르기보다 자신이 지금껏 저질러 온 악행에 쾌락이라는 이름을 붙이는 데 열중합니다. 자신의 악덕이 에피쿠로스학파의 쾌락과 같다고 착각해서 예전에는 어두운 구석에서 몰래 하던 행동을 햇빛 아래에서 당당히 드러내고 다닙니다.

저는 에피쿠로스학파가 범죄를 가르친다고 주장하는 스토아학파의 의견에 동의하지 않습니다. 오히려 억울하게 누명을 써서 에피쿠로스의 평판이 떨어졌다고 생각합니다. 하지만 제가 에피쿠로스학파를 직접 경험한 적이 없는데 어떻게 감히 평가를 내릴 수 있겠습니까?

다만 에피쿠로스학파가 지칭하는 사상의 이름이 추문과 비열한 욕망을 불러일으키곤 합니다. 아름다운 복장을 한 용감한 사내를 떠올려 보십시오. 이는 건전한 마음과 건장한 육체를 유지하며 오직 명예만을 행하지만 키벨레의 성직자가 그랬듯 손에는 방종을 상징하는 북을 들고 있는 것과 같습니다.

그러니 우리는 명예를 지키고 영혼을 드높일 수 있는 이름을 선택해야 합니다. 지금 당신의 문간에는 악덕이 낳은 산물이 서 있을 겁니다. 미덕의 편에 서기로 선택한 사람은 고귀한 기질을 지닌 반면, 쾌락의 편을 따르기로 한 사람은 나약하고 무기력해 남성성을 잃은 것처럼 보입니다. 이런 사람은 누군가 나서서 자연적 욕구 속에서 얻을 수 있는 쾌락과 끝없이 즐겨도 만족을 주지 못하는 광적인 쾌락을 구분해 주지 않는 이상, 불명예스러운 악덕에 계속해서 빠져들 수밖에 없습니다. 이제부터라도 미덕을 삶의 길잡이로 삼으십시오. 내딛는 모든 걸음이 안전해질 겁니다.

이성보다 좋은 길잡이가 어디 있겠습니까?

지나친 쾌락은 해롭습니다. 하지만 미덕은 절제를 품고 있으니 미덕을 추구하는 사람이라면 쾌락이 과할까 걱정하지 않아도 됩니다. 스스로 몸집이 커질까 두려워하는 마음은 선이 될 수 없습니다. 게다가 인간은 이성적인 본성을 타고났습니다. 이성보다 좋은 길잡이가 어디 있겠습니까?

이성이 이끄는 행복한 삶을 영위하고 싶다면 미덕을 따르고, 쾌락은 그림자처럼 육체 주변을 서성이도록 하십시오. 현명한 사람이라면 이 세상 어떤 가치보다 높은 미덕을 쾌락의 몸종이 되도록 놔두지 않을 겁니다.

파도에 휩쓸리는 바닷사람과 같이

우리는 미덕을 길잡이이자 기준으로 삼아야 합니다. 미덕과 함께 쾌락을 즐기되 쾌락을 지배하고 조절할 줄 알아야 합니다. 쾌락은 우리에게 양보를 구할 수 있지만 행동을 강요할 수는 없습니다.

반면 쾌락에게 주도권을 내준 사람은 쾌락의 주인이 아닌 노예가 될 겁니다. 쾌락이 과하면 숨이 막혀 고통받을 것이고, 쾌락이 모자라면 비참해져 더 큰 고통을 받을 수밖에 없습니다. 이는 마치 위험하기 짝이 없는 해안에 발이 묶여 육지에 내팽개쳐졌다 다시 파도에 휩쓸리는 바닷사람과 같습니다. 자신의 절제력을 과신하고 남몰래 사악한 짓을 동경한 탓입니다.

쾌락을 누리는 사람이 행복하다는 착각

선이 아닌 악을 좇으며 목표를 달성한 사람은 위험에 빠질 수밖에 없습니다. 사냥꾼은 죽음을 무릅쓰고 힘겹게 맹수를 포획하지만 맹수를 잡은 순간부터 불안에 떨며 하루하루를 보냅니다. 맹수가 주인을 갈가리 찢어버리는 사고가 잦기 때문입니다.

쾌락도 마찬가지입니다. 쾌락을 좇는 사람은 원하던 즐거움을 얻었다고 생각하지만, 오히려 거대한 악에 사로잡혀 쾌락의 노예가 되곤 합니다.

더 크고 다양한 쾌락을 누리는 사람이 더 행복할 것이라고 착각하기 쉽지만, 사실 이들은 쾌락에 사로잡혀 저속한 기쁨을 섬기고 있을 뿐입니다.

쾌락을 추구하는 사람은 정작 해야 할 급한 일은 다 미뤄두고 자신에게 주어진 의무는 무시한 채 짐승의 발자국을 좇아 맹수의 보금자리를 찾아 나서는 사냥꾼이나 다름없습니다.

이는 쾌락의 배를 불리겠다고 인간이 지녀야 할 가장

중요한 본성인 자유를 포기하는 꼴입니다. 자기를 위해 쾌락을 사는 것이 아니라 쾌락을 위해 자기를 파는 셈 아니겠습니까?

최고의 선에 악한 것을 섞지 마십시오

쾌락에 대해서 이렇게 되묻는 사람도 있을 줄 압니다.

"하지만 미덕과 쾌락이 합쳐져 최고의 선을 이룬다면 명예와 쾌락은 결국 같은 것이 될 텐데, 굳이 이 둘을 분리하려는 이유가 뭡니까?"

오직 명예로운 것만이 명예의 일부가 될 수 있으니, 최고의 선에 악한 것이 조금이라도 섞인다면 최고의 선이 지닌 순수함은 사라집니다. 균형을 이루지 못한 미덕과 쾌락을 합치려는 시도는 선의 강한 부분을 떼어 악의 나약한 부분에 붙이려는 행위와 같습니다.

억압당한 자유는
우연의 노예가 됩니다

자유는 그 자체로 가장 가치 있습니다. 이 사실을 깨닫고 나서야 우리는 비로소 온전해집니다. 억압당한 자유는 우연한 행운을 필요로 하기에, 결국 우연의 노예가 될 수밖에 없습니다. 자유를 잃은 사람은 늘 의심과 불안, 공포에 시달리며 결정적인 순간이 찾아오기를 고통스럽게 기다리는 채로 살게 됩니다. 이는 단단하고 견고한 기반 대신 불안정한 토대 위에 미덕을 쌓는 것과 같습니다.

육체에 일어나는 사소한 변화와 단순한 우연에 의존하는 것만큼 불안정한 삶이 어디 있겠습니까? 보잘것없는 쾌락과 고통에 흔들리는 사람이 어떻게 신에게 복종하고, 자신에게 일어나는 모든 일을 긍정적인 태도로 받아들이고, 불평불만 없이 운명에 순응하고, 자신에게 닥친 불운을 좋게 해석할 수 있겠습니까?

모든 시련은
자연 법칙에 따라 발생했음을

쾌락에 굴복한 사람은 자신이 속한 국가를 수호할 수도, 자신이 저지른 잘못을 만회할 수도, 소중한 친구를 지지할 수도 없습니다. 그러니 최고의 선을 가장 높은 곳에 두십시오. 고통, 희망, 두려움, 또는 그 외에 어떤 힘이 작용하더라도 '최고의 선'이라는 이름이 지니는 명예가 훼손돼서는 안 됩니다.

사람은 오직 미덕을 통해 그곳에 이를 수 있습니다. 미덕의 도움을 받으면 가파른 오르막길을 오르고, 용감하게 자기 자리를 지키게 될 겁니다. 불운 앞에서 마냥 힘겨워하기보다는 흔쾌히 받아들이게 될 겁니다.

모든 시련이 자연 법칙에 따라 발생했음을 깨달으면 훌륭한 병사처럼 부상을 참고, 몸에 남은 흉터의 개수를 셀 수 있습니다. 적이 휘두른 무기에 찔려 죽음을 앞두고도 장군에게 복종하는 군사처럼 미덕에 복종하며 '신을 따르라'는 오래된 격언을 마음에 새기게 될 겁니다.

자신을 따를 수 있는데
왜 억지로 끌려다닙니까?

늘 불만을 늘어놓고 처지를 한탄하는 사람은 자신의 의지와 관계없이 억지로 끌려다니며 명령에 굴복하는 신세와 같습니다. 자기 자신을 따를 수 있는데도 마지못해 끌려간다고 생각하다니, 저는 그런 사람을 도저히 이해할 수 없습니다.

헤라클레스Hercules는 자신이 원하던 것을 가지지 못하거나, 고난을 겪거나, 선한 사람이나 악한 사람에게 예상치 못하게 병마가 찾아왔다고 놀라고 분개하는 것은 어리석은 짓이라고 이야기했습니다. 인간이 살면서 맞닥뜨리는 질병, 죽음, 고통은 우주의 법칙에 따라 일어나는 필연이니 너그러이 받아들여야 합니다.

우리 모두가 이렇게 맹세하지 않았습니까?

'유한한 삶에 주어지는 고통을 견디고, 피할 수 없는 운명을 선하게 받아들이겠다.'

우리는 신의 은혜로 태어났으니 자유의지에 따라 신에게 복종해야 합니다.

미덕이 우리에게 베푸는 대가

진정한 행복은 미덕 안에 존재합니다. 미덕이 우리에게 어떻게 당부할 것 같습니까? 아마도 미덕이나 악덕에서 비롯되지 않은 무언가를 선 또는 악이라고 여겨서는 안 된다고 조언할 겁니다. 또, 악의 공격에 흔들리지 않고 올바름을 추구하며, 선에서 신을 찾으라고 말할 수도 있습니다.

이를 실천한다면 미덕은 신이나 건넬 법한 엄청난 은혜를 베풀 겁니다. 당신은 모든 구속에서 벗어나 어떤 상황에서도 다치지 않고 안전하게 자유를 누릴 겁니다. 도전에 실패하거나 방해받지 않을 것이며, 모든 소망은 이루어질 겁니다. 불운은 모두 비켜가고 바라지 않는 일은 절대 일어나지 않을 겁니다.

삶에 묶인 매듭을 풀기 위한 행운

분명 누군가는 의심을 품을 수 있습니다.

"미덕 하나만으로 행복한 삶을 누릴 수 있다는 말입니까?"

미덕은 마치 신처럼 온전하고 신성하니, 행복한 삶을 누리게 하는 데 조금도 부족함이 없습니다. 이미 원하는 것 이상을 얻은 사람이 어떻게 부족함을 느끼겠습니까? 필요한 것이 내면에 있는데 외부에서 무엇을 더 구하겠습니까?

다만 미덕을 찾아 나서는 여정에서 대단한 성장을 이루어냈다고 해도 인간사에서 자유로울 수는 없습니다. 유한한 삶에 묶인 매듭을 풀어내려고 고군분투하다 보면 약간의 행운이 필요하긴 하죠.

이때 미덕을 추구하는 사람과 그렇지 않은 사람 사이에 어떤 차이가 있겠습니까? 미덕을 추구하지 않은 사람은 단단하게 묶인 매듭에 매여 옴짝달싹하지 못합니다. 심지어 스스로를 더 강하게 속박하는 사람도 있습니다. 하지만 미덕의 높은 단계에 다다른 사람은 매듭을 느슨하게 푸는 데 성공해서 완전히 자유롭지는 않아도 거의 자유나 다름없는 삶을 누리고 있습니다.

왜 당신은 입으로만
떠들고 있습니까?

평소 철학을 못마땅하게 바라보던 사람이라면 이렇게 따져 물을지 모르겠습니다.

“왜 당신은 용감한 삶을 실천하지는 않고 입으로만 떠들고 있습니까? 왜 높은 사람 앞에서 말조심하고, 돈을 생활에 꼭 필요한 요소로 여깁니까? 왜 손해를 입으면 속상해하고, 아내나 친구가 죽었다는 소식에 슬퍼합니까? 왜 세간의 평가에 신경을 쓰고 헛소문에 기분이 상합니까? 왜 당신이 소유한 땅을 자연이 허락한 범위 이상으로 열심히 가꿉니까? 왜 식단에 따라 식사를 하고, 굳이 보기 좋은 가구를 들여놓습니까?

당신이 태어나기도 전에 만들어진 포도주는 왜 마시고, 땅은 왜 고르며, 기껏해야 그늘이나 만드는 나무를 심는 이유는 무엇입니까? 당신 아내가 비싼 집 한 채 가격에 맞먹는 귀걸이를 하고, 자녀에게 고급스러운 옷을 입혀 학교에 보내는 이유가 무엇입니까?

왜 굳이 가족이 모두 식탁에 둘러앉을 때까지 기다렸다

가 식사를 시작합니까? 왜 은 식기를 아무데나 내버려 두지 않고 정해진 자리에 놓고, 온갖 화려한 음식을 잘라주는 사람을 따로 고용합니까?

왜 해외에 재산을 소유합니까? 다 파악하지도 못할 만큼 물건을 소유하는 이유가 무엇입니까? 왜 알아보지도 못할 만큼 많은 하인을 거느리는 사치를 부립니까?"

앞으로 훨씬 많은 비난이 일 것이고, 저는 스스로를 되돌아보는 시간을 충분히 가질 겁니다. 하지만 지금 당장은 이렇게 대답하겠습니다.

저는 최악을 면하려
애쓰는 사람에 불과합니다

"저는 현자가 아닙니다. 주변의 손가락질을 피하려고 현자가 되지도 않을 겁니다. 그러니 저에게 누구보다 훌륭한 인간이 되라고 요구하지 마십시오. 저는 단지 최악을 면하려 애쓰고 있을 뿐입니다. 하루하루 제가 저지른 악덕을 반성하고 과오를 바로잡을 수 있다면 그걸로 충분합니다.

제 영혼은 완벽하지 않고, 앞으로도 완벽해지지 못할 겁니다. 마치 통풍을 앓고 있지만 완치를 바라지 않는 사람과 같습니다. 그저 통증이 찾아오는 주기가 길어지고, 날카로운 고통이 조금이라도 덜어진다면 만족할 겁니다. 하지만 절뚝이며 겨우 걸음을 걷는 사람과 비교하면 저는 달리기 선수나 마찬가지입니다."

저는 온갖 악덕 사이에서 살아가고 있습니다. 그러니 이 글은 제가 아닌 이미 미덕을 어느 정도 쌓은 사람이 건네는 충고라고 생각해 주십시오.

위대한 인물들도 비난을 받았습니다

가장 고귀한 인물에게 쓰라린 증오를 퍼붓는 자들은 악의적인 짐승이나 다름없습니다. 과거 플라톤Plato, 에피쿠로스, 제논Zeno[2] 또한 같은 비난을 받았습니다. 이 위대한 철학자 세 명 또한 자신이 어떤 삶을 사는지가 아닌 우리가 어떻게 살아야 하는지를 이야기했기 때문입니다.

이 글은 제가 아닌 미덕에 관한 이야기를 담고 있습니다. 하지만 저는 악덕을 이야기할 때 가장 먼저 스스로를 돌아볼 것이며, 항상 올바른 삶을 살도록 노력할 겁니다. 지독한 독설을 퍼부어도 최고를 추구하는 저의 노력을 방해할 수는 없습니다. 누군가는 타인을 해하고 결국에는 자신을 질식시킬 독을 내뿜겠지만 저는 계속해서 미덕이 이끄는 길을 따라 걸어갈 겁니다.

미덕의 높은 단계에 미치기까지는 아직 한참 남은데다가 이따금 걸음을 멈추기도 하겠지만, 증오를 품은 사람의

2 스토아학파를 창시한 고대 그리스 철학자

훼방에 제가 가야 할 길을 포기할 생각은 없습니다.

루틸리우스Rutilius[3]나 카토Cato[4]조차 악의에 찬 비난에 시달렸는데, 어떻게 제가 날선 공격을 피할 수 있겠습니까? 디오게네스Diogenes[5]가 지나치게 부유하다는 사람에게 과연 검소한 삶을 사는 사람이 있겠습니까?

3 스토아학파를 따른 고대 로마의 정치인이자 철학자
4 공화정을 주장한 고대 로마의 스토아 철학자
5 욕심 없이 가난한 자족 생활을 실천한 고대 그리스 철학자

“나는 내 삶을 살았다”

악의에 찬 사람은 자기 손으로 목을 그어 생을 마감한 에피쿠로스 철학자 디오도루스Diodorus를 보고 스승의 가르침을 따르지 못했다고 이야기합니다. 디오도루스가 미쳤다고 혀를 차는 사람도 있고, 무모하다고 손가락질하는 사람도 있습니다. 하지만 디오도루스는 자신이 선을 이뤘다고 확신하며 행복하게 자신에게 주어진 삶을 마무리했습니다.

그는 이렇게 유언을 남기고 안전한 항구에서 닻을 내리듯 살아오던 인생을 떠났습니다.

“나는 내 삶을 살았다. 이제 운명이 정한 경주를 끝내겠다.”

악인은 스스로를 십자가에 못 박습니다

사람들은 타인의 삶과 죽음을 놓고서 논쟁을 벌입니다. 특히 위대한 업적을 쌓은 위인의 명성을 두고서 낯선 이를 보고 짖어대는 개처럼 시끄럽습니다. 악한 자들에게 타인의 미덕은 자신이 저지른 죄를 향한 비난이니 그 누구도 선해 보여서는 안 되기 때문입니다.

악한 자들은 질투에 눈이 멀어 자신의 지저분한 언행과 타인의 영광을 비교하지만, 이런 저울질이 도리어 자신에게 큰 해악이 된다는 사실을 알지 못합니다. 미덕을 따르는 사람이 탐욕스럽고 권력에 눈이 멀었다면 미덕이라는 말조차 끔찍이 싫어하는 자는 어떻겠습니까? 악덕을 좇는 자는 남을 깎아내리기 바빠 다들 말만 그럴듯하지 그 말을 지키며 사는 사람은 없다고 주장합니다.

인류를 뒤흔든 거센 풍랑을 이겨낸 인물을 용감하고 위대하다고 이야기하기가 그렇게 어려운 이유가 도대체 무엇입니까? 미덕을 따르는 사람이 십자가에서 벗어나려고 발버둥을 칠 때 악덕을 따르는 사람은 스스로를 십자가에 못 박고 있습니다.

현자는 십자가 하나에 매달릴 뿐이지만 스스로에게 벌을 내리는 어리석은 사람은 자신이 저지른 악행만큼이나 많은 십자가에 나뉘어 매달리게 됩니다. 하지만 그토록 많은 십자가에 못 박히고도 타인을 향한 사악한 말을 쏟아내죠. 그 말이 얼마나 지독한지 구경꾼에게 침만 뱉지 않아도 언젠가 십자가에서 벗어날 수 있을 듯합니다.

말한 것을 전부 행동으로 옮기지 못해도 괜찮습니다

"철학자는 자신의 가르침을 실천하지 못합니다."

이렇게 말하는 사람도 있을 겁니다.

사실 모든 철학자가 자신의 가르침을 완벽히 실천하지는 못하지만, 숭고한 사상을 다른 사람과 나눔으로써 선을 행하고 있습니다. 입 밖으로 뱉은 말을 모두 지킬 수 있다면 그보다 행복한 사람이 어디 있겠습니까? 하지만 자신의 말을 전부 행동으로 옮기지 못하더라도 바른 말과 가치 있는 생각을 품은 선한 영혼을 비난할 이유는 없습니다.

세상에 도움이 되는 학문을 연구하는 것만으로 칭송받아 마땅합니다. 가파른 산을 오르는 사람이 전부 정상에 오르지는 못하지 않습니까? 우리는 성패와 관계없이 위대한 목표를 추구하는 사람을 존중해야 합니다.

자연은 이미 나에게 모든 것을 주었습니다

고귀한 영혼을 지닌 사람은 한낱 개인의 힘이 아닌 인간의 본성을 믿습니다. 위대한 지성을 타고난 자는 실천하기 힘든 원대한 계획을 세우고, 숭고한 목표를 향해 나아갑니다. 이런 사람은 다음과 같은 태도로 살아갑니다.

"나는 비극을 마주할 때와 희극을 마주할 때 같은 표정을 지을 것이다. 내 육체의 힘은 강한 정신력에서 나오니 어떤 고된 일이라도 겸허히 받아들일 것이다.

부가 멀어진다고 우울해하지 않을 것이며, 주변이 부로 반짝인다고 기뻐하지 않을 것이다. 행운과 불운에 일희일비하지 않을 것이다. 모든 땅을 나의 것처럼 바라보고, 나의 땅은 모두의 것처럼 여길 것이다.

내가 타인을 돕기 위해 태어났다는 사실을 잊지 않고, 나를 탄생하게 해준 자연에 감사할 것이다. 자연은 이미 나에게 모든 것을 주었다. 자연은 모두를 위해 나를 만들었고, 나를 위해 모두를 만들었다."

비록 실패하더라도
이렇게 말할 수 있다면

"내 재산이 얼마가 됐든 탐욕스럽게 지키지 않을 것이며, 흥청망청 낭비하지도 않을 것이다. 내가 가진 것은 진실로 나의 소유가 아니니 필요한 사람과 나누며 살 것이다. 또한 크기도, 숫자도, 무엇도 아닌 오직 상대방의 가치만을 나눔의 기준으로 삼을 것이다. 가치 있는 사람에게 베푼 선물은 과하다고 생각하지 않을 것이다.

대중의 의견이 아닌 자신의 양심에 따라 모든 행동을 결정할 것이다. 혼자 있을 때에도 모든 사람이 나를 지켜보고 있다고 생각하며 행동할 것이다. 음식을 먹고 마시는 것은 자연의 욕구를 충족하기 위함이지, 배를 채우기 위함이 아니라는 사실을 명심할 것이다.

친구에게는 즐거움을 줄 것이며 적에게는 온화하고 관대한 태도를 보일 것이다. 타인이 도움을 구하기 전에 먼저 나서고, 명예로운 사람의 간청을 이루어주도록 노력할 것이다. 전 세계를 나의 고향처럼 여기고, 신이 세상을 통치함을 기억하며, 높은 곳에서 나의 모든 말과 행동을 지켜보고 계심을 유념할 것이다.

자연이 나의 숨을 다시 거두어가거나 이성이 생의 끝을 알릴 때는 미련 없이 삶을 마감할 것이다. 그때가 오면 나는 선한 양심과 가치 있는 소망을 진정으로 사랑했으며, 나 자신을 포함해 어느 누구의 자유도 침해하지 않았음을 당당히 밝힐 것이다."

이와 같이 자신만의 규칙을 세우고 삶을 살아가는 사람은 신이 있는 높은 곳을 바라보며 진리를 찾기 위해 노력하니, 비록 실패하더라도 이렇게 말할 수 있습니다.

"위대한 목표를 향해 나아갔으나 안타깝게 실패했다."

병든 눈이 햇빛을 견디지 못하듯

미덕을 실천하는 사람을 싫어하는 사악한 자는 우리를 놀라게 할 만한 행동은 조금도 하지 않습니다. 병든 눈은 햇빛을 견디지 못하고, 야행성 동물은 날이 밝으면 해를 피해 어두운 굴을 찾아 헤맵니다.

그러니 악한 사람이 비참하게 혀를 놀려 선한 사람을 욕보이려 해도 결국 스스로를 해하고 말 겁니다. 입을 한껏 벌려 힘껏 깨물면 선한 사람에게 상처를 입히기는커녕 제 이빨만 부러지지 않겠습니까?

굳이 부를 멀리할 필요는 없습니다

“철학을 공부한다면서 부유하게 사는 이유가 무엇입니까? 부를 경멸해야 한다고 이야기하면서 정작 자신은 부를 누리고 있지 않습니까? 왜 삶을 하찮게 말하면서 여전히 생을 이어가고, 건강에 집착하지 말라면서 누구보다 몸을 귀히 여기며 최상의 상태를 유지하려고 합니까? 어느 나라에 사는지가 중요하지 않으니 유배는 명분뿐이라고 이야기하면서 고향에서 나이 들고 싶어하는 까닭이 무엇입니까? 수명이 기나 짧으나 다를 게 없다면서 되도록 오랫동안 평화로운 삶을 누리려고 하지 않습니까?”

세속적인 데 집착하지 말라는 당부를 부와 건강, 소망들을 아예 원하지 말아야 한다는 의미로 받아들여서는 안 됩니다. 그 무엇을 소유하더라도 두려워하거나 흥분해서는 안 된다는 사실이 중요합니다. 이런 것들을 굳이 멀리하지는 않지만 가진 것을 잃더라도 초연할 줄 알아야 합니다. 언제든 되찾아 올 수 있다고 생각하면 오히려 신이 쉽게 행운을 선사하지 않겠습니까?

현자라고 세속적인 행운을 무가치하게 여기지는 않습니다. 현자는 재산에 집착하지는 않지만 굳이 멀리할 필요도 느끼지 않습니다. 그는 이미 소유하고 있는 재산을 잘 간수하다가 미덕을 실천하는 일에 필요하면 주저 없이 내놓습니다.

부유한 현자가
더 큰 영향력을 행사합니다

가난한 현자보다 부유한 현자가 더 널리 영향력을 행사할 수 있습니다. 이 점을 반박하기란 어렵겠지요. 가난하다면 실천할 수 있는 미덕은 빈곤에 굴복하지 않는 것 하나뿐입니다. 그러나 부유하다면 절제, 관용, 근면, 세심함, 고상함과 같은 미덕을 추구할 수 있습니다.

만약 현자가 키가 아주 작다면, 그렇다고 해서 자신을 경멸하지는 않을 겁니다. 다만 이왕이면 조금 더 자랄 수 있기를 바라겠죠. 또 몸이 아주 허약하거나 눈이 하나밖에 없더라도 현자라면 강인한 내면을 가졌기에 살아가는 데는 큰 문제가 없을 겁니다. 그러나 나약한 육체보다는 건장한 육체를 선호할 겁니다. 마찬가지로 병에 걸려도 현자는 잘 견뎌내겠지만 될 수 있으면 건강하길 소망할 겁니다.

이런 것들은 인생 전체를 놓고 보면 사소한 부분일 뿐입니다. 꼭 더 나은 것을 소유하지 못하더라도 최고의 선을 해치지는 않습니다. 하지만 현자가 더 나은 것을 소유한다면 미덕에서 나오는 명랑함을 더할 수 있습니다.

오해하지 마십시오,
부는 중요한 가치를 지닙니다

현명한 사람에게 주어지는 부는 뱃사람이 원하는 방향으로 돛을 부풀리는 순풍이나 매서운 겨울에 내리쬐는 한 줄기 따뜻한 햇살처럼 기쁨을 줄 수 있습니다.

미덕을 유일한 선으로 여기는 스토아학파의 현자조차 선악으로 나눌 수 없는 것에도 나름의 가치가 깃들며, 그 중 특히 중요한 것이 존재한다는 사실을 부인할 수는 없을 겁니다. 다만 그것이 무엇인지에 따라 조금 더 존중하기도, 조금 덜 존중하기도 하지요. 그러니 오해하지 마십시오. 부는 틀림없이 중요한 가치를 지닙니다.

부를 대하는 태도

부가 중요한 가치를 지닌다는 제 말에 이런 반박이 나올 수도 있습니다.

"부를 중요하게 여긴다는 점에서 당신은 나와 다를 게 없습니다. 그렇다면 왜 나를 비웃는 겁니까?"

현명한 자와 어리석은 자는 부를 대하는 태도가 다릅니다. 어떻게 다른지 알고 싶으십니까? 현명한 사람은 부를 잃더라도 안타까워하지 않고 삶을 이어가겠지만, 어리석은 사람은 모두를 잃은 것처럼 애통해할 겁니다.

즉, 현자는 부를 인생을 구성하는 다양한 요소 중 하나로 여기므로 부의 주인이 됩니다. 하지만 어리석은 자는 부를 가장 귀한 가치로 여기므로 부의 노예로 살아갑니다.

가난에서
지혜가 나오지는 않습니다

철학자가 돈을 소유해서는 안 된다는 주장은 잘못됐습니다. 지혜가 가난에서 나온다고 말한 사람은 없습니다. 철학자 또한 막대한 재산을 소유할 수 있습니다. 단지 다른 사람의 몫을 빼앗거나, 재산을 얻으려 누군가를 해치거나, 저급한 수단을 동원해서는 안 되겠지요.

명예롭게 얻은 돈을 명예롭게 사용한다면 누군가 질투를 한다고 해도 무슨 문제가 되겠습니까? 그러니 얼마가 됐든 원하는 만큼 재산을 쌓으십시오. 남들이 당신 재산을 보면서 자기 것이었으면 하고 바라겠지만, 정직하게 얻은 돈이라면 누구도 빼앗아갈 수 없을 겁니다.

떳떳하게
부를 누릴 자격이 있는 사람

현명한 사람은 자신에게 주어진 행운을 거부하지 않습니다. 물려받은 재산을 뽐내지는 않지만, 명예롭게 얻은 재산이라면 부끄럽게 여기지 않죠. 대문을 활짝 열고 이웃을 모두 불러 모아 "여기 내 것이다 싶은 물건이 있다면 마음껏 가져가십시오!"라고 이야기할 수 있다면 자신이 쌓은 부를 자랑스러워해도 좋습니다.

이렇게 선언한 후에도 사라진 것이 하나도 없다면 그 사람은 진정 위대한 부자일 겁니다. 자신이 가진 모든 재산을 낱낱이 공개하는 데 조금도 거리낌이 없는데다가, 아무도 그 사람이 가진 것을 두고 자기 것이라고 주장하지 않는다면 진정 떳떳하게 부를 누릴 자격이 있는 사람이 아니겠습니까?

현자는 부를 떠벌리지도,
숨기지도 않습니다

현명한 사람은 부당한 돈이라면 동전 한 푼조차 집에 들이지 않을 겁니다. 하지만 행운이 선사한 선물이나 미덕을 실천한 덕분에 얻은 재산이라면 막대한 부가 주어져도 마다할 이유가 없습니다. 좋은 것을 왜 굳이 거절하겠습니까?

저는 부당한 방법으로 얻은 이윤이 아니라면 기쁜 마음으로 부를 받아들이라고 이야기하고 싶습니다. 어리석고 소심한 사람은 가진 돈을 구질구질하게 주머니에 숨겨두고 짤랑거리는 소리를 들킬까 마음을 졸이지만 현자는 부를 떠벌리지도, 숨기지도 않습니다.

무슨 핑계를 대고
부를 거절하겠습니까?

저는 제 발로 찾아온 부를 걷어차지 않습니다. 무슨 핑계를 대고 부를 거절하겠습니까? "돈은 쓸모가 없다"라고 말하겠습니까, "나는 부가 있어도 어떻게 누리는지 모른다"라며 거부하겠습니까?

혼자 힘으로 걸을 수 있는 사람이 마차를 마다하지 않듯, 빈곤을 감당할 수 있는 사람이라고 부를 싫어하지는 않습니다. 현명한 사람은 부를 소유하되 언제든 사라질 수 있다고 여기며, 부가 자신이나 타인에게 짐이 되지 않도록 조심합니다. 또한 부를 타인과 나눌 겁니다(왜 귀를 쫑긋 세우며 주머니를 열고 계십니까?).

아무튼 현자는 자신이 지닌 부를 선한 사람, 또는 돈이 생겼을 때 선을 베풀 줄 아는 사람에게 베풀 겁니다. 무엇보다 돈을 벌 때만큼이나 쓸 때도 신중해야 하니, 그 어느 때보다 고민에 고민을 거듭하며 골똘히 자신이 지닌 재산을 베풀 상대를 고를 겁니다.

잘못된 손으로 들어간 돈은 낭비나 마찬가지이니 모두

가 칭찬할 만한 타당한 인물이 아니라면 부를 나누지 않을 겁니다. 현자의 주머니는 쉽게 열리지만 구멍이 나 있지는 않습니다. 그 주머니에서 얼마가 나오든 잘못된 곳에 허투루 새는 돈은 단 한 푼도 없을 겁니다.

받는 것보다 주는 것이 많아서는 안 됩니다

타인에게 베푸는 일이 쉽다고 생각한다면 큰 오산입니다. 기분 내키는 대로 돈을 뿌려댄다면 또 모르겠지만, 충분한 고민과 생각을 거쳐야 한다면 이는 무척 어려운 결정입니다.

상대에게 받은 친절에 보답하려고 재산을 베풀 수도 있고, 가난 때문에 곤경에 빠진 사람에게 도움을 주려고 주머니를 열 수도 있습니다. 하지만 돈을 주더라도 빈곤에서 벗어날 수 없는 사람이라면 굳이 자비를 베풀지 않을 겁니다. 또 어떤 사람에게는 망설임 없이 가진 것을 나누어주기도 하고, 다른 사람에게는 억지로 돈을 쥐어주기도 합니다.

이렇듯 재산을 베풀 때에는 자신의 이익도 생각해야 합니다. 즉, 어떤 상황에서도 받는 것보다 주는 것이 많아서는 안 됩니다.

베푼 선행은 필요할 때
큰 도움이 될 겁니다

선행을 베풀 때 이익을 생각한다는 제 의견에 누군가는 반문할 겁니다.

"그렇다면 보답을 생각하면서 남을 돕는다는 말입니까?"

저는 단지 재산이 헛되이 사라지지는 않도록 해야 한다는 말을 하고 싶을 뿐입니다. 멋대로 베푼 다음에 보답을 바라서는 안 되지만, 어떤 방식으로든 돌려받을 수 있어야 합니다. 타인에게 베푼 선행은 땅속 깊숙이 묻어둔 보물과 같아서 평소에는 존재조차 잊고 지내지만, 꼭 필요할 때 큰 도움이 될 겁니다.

부자에게는 선행을 베풀 수 있는 기회가 얼마나 많겠습니까? 부자가 베푸는 선행이 단지 로마 시민에게만 돌아가겠습니까? 자연은 모든 인류에게 선을 베풀라고 당부합니다. 상대가 노예든 자유 시민이든, 자유로운 몸으로 태어났든 후에 해방됐든, 또는 법적 절차에 따라 자유를 얻었든 친구의 도움을 받아 얻었든 이는 중요하지 않습니다.

현자는 무분별하게 퍼주지 않습니다

사람 사는 곳이라면 어디에나 선행을 베풀 기회가 있습니다. 한 집안에서도 돈을 나눌 수 있고 자유로운 사람이라면 누구나 재산을 나눌 수 있습니다. 나눔은 자유로운 영혼에서 나옵니다.

현자는 비열하고 도움을 받을 자격이 없는 사람에게는 어떤 일이 있어도 부를 나눠주지 않으며, 자격이 있는 사람을 만난다고 해도 곳간이 언제나 마르지 않을 것처럼 무분별하게 퍼주지 않습니다.

공부한다고 완벽한 지혜를 얻은 것은 아닙니다

우리는 지혜를 공부하는 사람들의 명예롭고, 용감하고, 당당한 말을 왜곡해 들어서는 안 됩니다. 그리고 무엇보다 지혜를 공부하는 사람이 이미 완벽한 지혜를 얻었다고 생각해도 곤란합니다. 아직 지혜를 배우고 있는 사람이라면 이렇게 말할 겁니다.

"나는 다른 사람이 존경할 만한 말만을 입 밖에 내려고 노력하지만, 여전히 헤아릴 수 없이 많은 부덕 속에 살고 있습니다. 그러니 나는 내가 한 말대로 완벽하게 살 수는 없습니다. 아직까지 스스로를 다듬어 인격을 수양하고 훌륭한 본보기가 되려고 부단히 노력하고 있기 때문입니다. 내가 세운 목표를 전부 이뤘을 때 비로소 언행일치를 할 수 있을 겁니다."

한편 선을 완벽에 가깝게 추구하는 사람은 이렇게 말할 겁니다.

"우리에게는 애초에 자신보다 나은 사람을 판단할 자격이 없습니다."

나아가 현자라면 이렇게 대꾸하겠죠.

"나는 말과 행동을 다르게 하며 산 적이 없소. 나의 말을 잘못 알아들은 사람이 있을 뿐이오. 그가 내 목소리에 귀를 기울이기는 했지만 그 속에 숨은 의미를 이해하지 못한 탓이오."

선이 아니더라도
부는 유용하고 좋은 겁니다

저는 악한 사람에게 미움을 받음으로써 이미 저의 정직함을 증명했습니다. 제가 어떤 것에 가장 높은 가치를 두고 있는지 말씀드리겠습니다.

부유함은 선이 아닙니다. 부가 선이라면 부를 지닌 사람은 모두 선할 겁니다. 하지만 사악한 사람 또한 부를 소유할 수 있으니, 선이라는 이름을 붙일 수는 없습니다. 부가 있으면 삶이 안락해지니 유용하고 좋은 것이라는 사실은 인정합니다.

만약 제게 부가 주어진다면

누구나 부를 좋아한다는 데는 이견이 없을 것 같으니 제가 왜 부를 선이라고 하지 않는지, 또 제게 부가 주어지면 어떻게 행동할 것인지 조금 더 자세하게 설명해 보겠습니다.

제가 호화로운 집에서 금과 은으로 만든 식기를 사용하더라도 이는 집을 구성하는 물건일 뿐이므로 제 일부가 아닌 것들 때문에 스스로가 더 나은 사람이 됐다고 생각하지 않을 겁니다.

마찬가지로 거지가 우글대는 나무다리 밑에 산다고 해도 자신을 경멸하지 않을 겁니다. 주변에 제아무리 많은 거지가 행인에게 손을 내밀며 구걸하더라도 저는 빵 한 조각이 없다고 해서 큰일이 나지는 않는다는 떳떳한 자세를 취하겠습니다.

하지만 부와 가난 둘 중 하나를 선택할 수 있다면 저는 커다란 저택에서 살고 싶습니다. 다만 값비싼 가구와 온갖 사치스러운 물건 사이에서 부드러운 옷을 입고 푹신한 보라색 쿠션에 기대고 있다고 해서 지금보다 행복해지지는 않을 것 같습니다. 마찬가지로 건초 더미 위에 너덜너덜해져 솜이 다 튀어나온 방석을 깔고 누워 있다고 해서 지금보다 불행해지지도 않을 것입니다.

그래도 몸조차 제대로 가리지 못한 채 돌아다니기보다는 멀끔하게 정돈된 옷차림으로 대중 앞에 서는 것을 택하겠습니다. 모든 일이 제가 바라는 대로 흘러가서 하루가 멀다 하고 축하 연회가 이어진다고 하더라도 으스대지 않을 겁니다. 반대로 되는 일이 하나도 없이 손해를 보는 슬픈 날이 계속된다고 하더라도 스스로를 비참하게 여기거나 저에게 주어진 상황을 저주하지 않을 겁니다.

이처럼 인생이 잘 풀리지 않을 때 온갖 공격과 갈등에도 꿈쩍하지 않도록 불운한 날을 대비할 수 있습니다.

기왕이면 포로보다는 정복자가 되는 편이 낫습니다

저는 슬픔보다는 기쁨을 선택하고 싶습니다. 위대한 소크라테스Socrates라면 이렇게 말했을 겁니다.

"내가 모든 국가를 발아래에 둔 지배자가 되더라도, 바쿠스의 관능적인 마차를 타고 떠오르는 해를 바라보며 테베에서 승리를 만끽하고 페르시아의 왕에게 명령을 내리더라도, 주변 모든 이가 나를 신처럼 떠받든다고 하더라도 나는 스스로가 한낱 인간임을 잊지 않을 것이오."

저 또한 모든 성공을 잃고 곤두박질친다고 해도 괜찮습니다. 야만족에게 정복당해 낯선 이국땅에서 적국의 승리를 축하하는 마차를 따라 걷는 처지가 되더라도 스스로를 치욕스럽게 여기지 않을 겁니다. 그렇지만 기왕이면 포로가 되는 것보다는 정복자가 되는 편이 낫지 않겠습니까?

행운과 불운에 좌지우지되지는 않겠지만, 만약 선택권이 있다면 저는 좋은 것을 취하겠습니다. 제게 어떤 운명이 찾아오든 제게 주어진 것으로 선을 추구하겠지만, 기왕이면 고난보다는 안락함과 기쁨을 택하겠습니다.

좋은 것, 쉽게 얻을 수 있는 것을 선택하겠습니다

노력 없이 얻을 수 있는 미덕은 없습니다. 그러므로 어떤 미덕을 추구하는지에 따라 때로는 박차를 가하고 때로는 고삐를 틀어쥐어야 합니다.

우리 몸이 내리막을 내려갈 때 균형을 잡고, 가파른 오르막을 오를 때 힘을 주듯 어떤 미덕은 아래를 향하고 어떤 미덕은 위를 향합니다. 미덕을 좇을 때도 적절한 대응이 필요합니다.

인내, 용기, 성실함과 같이 불운에 맞서 싸우는 미덕이라면 힘겹게 길을 터가며 가파른 경사를 기어오를 겁니다. 반면 관대함, 온화함, 배려와 같은 미덕은 조절하지 않으면 너무나 쉽게 내리막길로 미끄러집니다. 그러니 언덕 위로 향하는 미덕에는 박차를 가하고, 언덕 아래로 향하는 미덕에는 고삐를 쥐어야 합니다.

마찬가지로 빈곤에 처했을 때는 용감하고 호전적인 미덕을 발휘해야 하며, 부가 주어졌을 때는 균형을 잃지 않도록 부드럽고 조심스럽게 걸음을 옮기는 미덕을 행해야 합니다.

다만 이렇게 구분한 미덕 중 한쪽을 고를 수 있다면 저는 피땀을 흘려야만 얻을 수 있는 미덕보다는 비교적 수월하게 손에 넣을 수 있는 미덕을 선택할 겁니다.

위험이 언제든
찾아올 수 있음을 아는 것

"어리석은 자와 현명한 자 사이에는 어떤 차이가 있습니까?"

현자와 우자 사이에는 하늘과 땅만큼의 차이가 있습니다. 현명한 사람은 부를 노예로 삼지만, 어리석은 사람은 부를 주인으로 섬깁니다. 현명한 사람은 금은보화에 둘러싸여 있을 때도 빈곤이 찾아올 수 있다는 사실을 잊지 않지만, 어리석은 사람은 자신에게 주어진 재산이 영원할 것처럼 쉽게 부에 익숙해지고 집착합니다.

훌륭한 장군은 평화로운 시절에도 긴장을 늦추지 않고 언제 터질지 모르는 전쟁에 대비합니다. 하지만 어리석은 자는 웅장한 저택을 가졌다는 사실에 우쭐해하면서 집이 불타거나 무너질 수 있다는 생각은 조금도 하지 않습니다. 불운이 언제나 자신을 비켜갈 것이라 믿으며 위험이 닥칠 수 있다는 염려는 미뤄둔 채 부를 즐기는 데 온통 정신이 팔려 있습니다.

어떤 공격도 불쌍한 어린아이의 울음소리처럼 들릴 뿐

우리는 게으르게 앉아 부를 누리느라 눈앞에 닥친 위험을 보지 못합니다. 원시 부족은 거대한 화력 무기가 얼마나 큰 위력을 지녔는지 모릅니다. 그래서 멀리서 무기를 조립하는 침략자를 보면서도 공격에 대비하기는커녕 그들이 사방을 포위해 올 때까지 그저 바라보고 있습니다.

우리도 이들과 다르지 않습니다. 우리는 재산을 깔고 누워 잠을 청하면서 주변에 얼마나 많은 위험이 도사리고 있는지 보지 못합니다. 불운은 온 사방에서 호시탐탐 기회를 노리며 언제든 당신의 부를 앗아갈 수 있습니다.

현자 또한 부를 빼앗길 수 있지만, 그는 어떤 불운이 닥쳐도 진정한 재산은 언제나 남아 있음을 알고 있습니다. 그 재산이란 미래를 두려워하지 않고 현재에 만족하며 사는 마음가짐입니다.

위대한 소크라테스처럼 높은 곳에 올라 인간사를 내려다보는 현자는 이렇게 말할 겁니다.

"나는 어떤 일이 있어도 타인의 시선에 좌지우지되어

내 삶을 바꾸지 않을 것이오. 사방에서 온갖 비난이 쏟아져도 나를 욕보일 수는 없소. 어떤 공격도 나에게는 불쌍한 어린아이의 울음소리처럼 들릴 뿐이기 때문이오."

비방하는 자는 나에게 고통을 줄 수 없습니다

지혜를 얻어 악덕에서 멀어진 현자는 주변 사람에게 쓴소리를 늘어놓습니다. 하지만 이는 상대방을 향한 미움이 아닌 관심에서 비롯한 말입니다. 현자는 생각할 겁니다.

"나를 향한 비난의 말이 들려올 때면 마음이 아프오. 내가 아닌 나를 비난하는 상대방이 걱정되기 때문이오. 완벽을 미워하고 미덕을 해하는 사람은 언젠가 선을 얻을 수 있다는 희망을 포기한 것과 같소. 제단을 엎는다고 신을 해하지 못하듯, 나를 비방한다고 나에게 고통을 줄 수 없소. 오히려 그들의 사악한 의도가 낱낱이 드러날 뿐이오."

현자를 둘러싼 비방은 최고의 신 제우스에 관한 신화에서도 나타납니다. 어떤 시인은 제우스에게 날개가 달렸다고 이야기하고, 어떤 시인은 이마에 뿔이 솟았다고 묘사합니다. 밤새 간통을 하고 돌아다닌다는 소문이 도는가 하면 다른 신에게 가혹하고 인간을 편애한다는 이야기도 있습니다. 또한 혈통과 혈연을 따지지 않고 눈에 차는 청년은 모두 유혹한다고 합니다. 게다가 신화에 따르면 제우스는 가장 높은 자리에 오르려고 아버지를 죽인 패륜아입니다.

인간은 이런 이야기를 지어내면서 최고의 신 또한 수많은 죄를 저질렀다며 자신의 수치를 덜어냅니다. 하지만 비난의 목소리가 아무리 거세도 신과 현자에게 상처를 입힐 수 없으니 진정 자신을 위한다면 남을 욕할 시간에 미덕을 추구하십시오. 미덕은 위대하며 하루하루 날이 갈수록 더욱 강력해집니다.

소크라테스의 말

소크라테스는 옥살이를 하면서 수치를 씻고 감옥을 어느 의회보다 명예로운 곳으로 만들었습니다. 소크라테스라면 옥중에 이렇게 말했을 겁니다.

"이 무슨 정신 나간 짓거리인가? 신성한 이를 헐뜯고 미덕을 욕보이다니, 이는 신과 인간에 전쟁을 선포하는 것과 같다.

선한 이를 찬양하기가 그렇게 어렵다면 차라리 입을 다물어라. 다른 사람을 헐뜯는 데서 즐거움을 찾고 싶다면 다른 곳에 공격의 화살을 돌려라. 하늘을 탓한다면 이는 시간 낭비일 뿐이니 굳이 신성모독이라고 꾸짖지 않겠다.

과거 아리스토파네스Aristophanes[6]는 나를 웃음거리로 삼았고, 그때부터 극단에 속한 희극 작가 모두가 나에게 지독한 조롱을 퍼부었다. 하지만 우스운 자들에게 공격받은 덕분에 나의 미덕은 더욱 널리 알려졌다. 대중 앞에 끌려 나

6 고대 그리스의 희극 시인

와 모두가 보는 앞에서 시험당했고, 이때 나를 의심하며 도전장을 내민 이들까지 나의 지혜와 굳건함을 실감했기 때문이다.

부싯돌을 실제로 쳐본 사람만이 그 단단함을 알 수 있다. 누구든 원한다면 나를 공격해도 좋다. 얕은 바다에 우뚝 선 외로운 바위는 밀려오는 파도를 끝없이 맞고 있지만 얼마나 오랜 세월이 지나든 제자리에서 벗어나거나 부서지지 않는다.

나를 실컷 욕하고 물어뜯어라. 나는 끝까지 견뎌낼 것이다. 단단하고 굳건한 것을 공격하는 자는 자신이 상처를 입을 뿐이다. 그러니 화살이 꽂힐 만한 약하고 부드러운 목표를 찾아라.

다른 사람의 악행을 들여다보고 평가할 만한 여유가 있는가? 철학자가 넓은 집을 소유했다고 손가락질하고, 맛있는 음식을 먹었다고 욕하는 자는 마치 자신의 얼굴을 뒤덮은 종기는 보지 못한 채 상대방의 얼굴에 난 뾰루지를 지적하는 것과 같다. 온몸에 부스럼이 핀 사람이 아름다운 육체에 난 작은 점 하나, 사마귀 하나를 두고 왈가왈부할 자격이 있는가?

그들은 플라톤이 돈을 밝히고, 아리스토텔레스Aristoteles

가 부당하게 재물을 취했으며, 데모크리토스Democritus[7]가 돈을 우습게 여기고, 에피쿠로스가 재산을 흥청망청 낭비했다고 욕한다.

수많은 흠이 사방에서 영혼을 갈기갈기 찢고 가슴에서 시작된 불꽃이 정신을 불태우고 있는데 왜 자신의 악덕은 찾을 생각조차 하지 않는가? 제아무리 분수를 모르는 인간이라도 자신보다 나은 사람을 두고 혀를 놀리는 여유를 부려서는 안 된다."

7 원자론을 체계화한 고대 그리스 사상가

집에 초상이 난 줄도 모른 채
서커스를 구경하는 사람

타인이 아닌 자신의 악덕을 먼저 찾으라는 소크라테스의 말을 제대로 이해하지 못한 사람은 아직까지 무표정하게 고개를 끄덕이고 있을 겁니다. 이는 집에 초상이 난 줄까마득히 모른 채 한가하게 서커스 구경에 나선 사람처럼 자신의 상황을 파악하지 못하고 있다는 뜻입니다.

높은 곳에 있으면 곧 닥칠 태풍이 뻔히 내려다보입니다. 잠시 후 쏟아질 거센 비바람은 어리석은 사람이 가진 모든 것을 휩쓸고 지나가겠지요.

지금 이 순간에도 누군가의 영혼은 거대한 허리케인에 맞닥뜨려 대혼란을 겪고 있습니다. 겨우 허리케인을 피해 달아나더라도 또다시 큰 바람에 휩쓸려 높이 솟아올랐다가 바닥으로 내팽개쳐지길 반복하면서 말입니다.

마음의
평온에
관하여

Lucius Annaeus Seneca

• • •

"누군가에게 일어날 수 있는 일은
누구에게나 일어날 수 있다."

자신을 의심하지 마세요

폭풍이 막 지나간 바다에는 거센 파도가 일렁입니다. 잔잔한 바다에도 잔물결이 일어납니다. 그러니 지난 일에 지나치게 엄격한 잣대를 들이대지 마십시오. 자기를 질책하며 화를 내거나 다른 사람에게 충고를 구할 필요도 없습니다.

자기에게 확신을 가지세요. 그래야 올바른 길을 걷고 있다는 믿음이 생깁니다. 사방으로 뻗어 있는 수많은 갈림길에서도 이를 의심하지 마십시오. 확신을 잃는 순간 바로 옆에 올바른 길을 두고 헤매게 될 테니까요.

흔들림 없이 잔잔한 마음,
에우티미아

흔들림 없이 잔잔한 마음을 그리스어로 '에우티미아 euthyimia'라고 합니다. 데모크리토스는 에우티미아, 즉 '영혼의 안녕'이라는 주제로 훌륭한 논문을 내기도 했습니다. 저는 이와 같은 잔잔한 마음의 상태를 평온함이라고 부르겠습니다. 꼭 그리스어를 사용할 필요가 없기 때문입니다.

어떤 표현을 사용하는지는 중요하지 않습니다. 중요한 것은 항상 안정적이고 긍정적인 마음가짐을 유지하고, 내면에 집중하며, 스스로를 기껍게 바라보는 일입니다.

'평온함'이란 어떤 일에도 들뜨거나 낙심하지 않고 늘 평화를 유지하는 마음의 상태를 일컫습니다. 평온함을 얻을 수 있는 보편적인 방법을 살펴볼 테니 이 중 마음에 드는 방법을 골라서 활용해 보십시오.

밝은 빛 아래
나의 결점을 드러내세요

마음의 평온함을 찾기 전에 해야 할 일이 있습니다. 먼저 자신을 받아들일 수 있도록 밝은 빛 아래 자신의 결점을 드러내야 합니다. 그 과정에서 화려한 언변과 거창한 지위를 자랑하는 이가 실은 무거운 짐을 어깨에 지고 자기혐오에 시달리고 있음을 알아차릴 수 있을 겁니다. 대개 이런 사람은 자신을 돋보이려는 욕구보다 수치심에 사로잡혀 있습니다.

마찬가지로 따분함을 견디지 못해 변덕스럽게 이런저런 관심사를 찾아 나서는 사람이나 게으르게 누워 하품을 하는 사람도 자기혐오에 시달리고 있습니다. 불면증에 걸려 이리저리 뒤척이다가 한참이 지나서야 지쳐서 잠드는 가엾은 사람을 생각해 보십시오. 끊임없이 변화를 추구하는 인생을 살다가 나이가 들어서 기력이 쇠하니 어쩔 수 없이 단조로운 일상을 보내는 사람과 무엇이 다릅니까?

그런가 하면 확고한 신념이 아닌 게으른 타성에 젖어 있는 사람도 있죠. 그는 원하는 것이 있어도 익숙하고 편한 길만을 택합니다.

이렇듯 요인은 다양하지만 병의 증상은 동일합니다. 바로 자신에 대한 불만족입니다. 이는 충족되지 못한 욕구에서 비롯합니다. 원하는 바를 이루기 위해 충분히 노력하지 않았거나 노력했음에도 얻지 못했을 때는 막연한 희망에만 의존하게 되죠. 그런 사람은 항상 불안정하고 변덕스럽기 마련입니다.

이들은 온갖 수단과 방법을 동원해서 목적을 이루고자 합니다. 불명예스럽고 까다로운 일도 마다하지 않습니다. 다만 노력에 보상이 따르지 않으면 자신이 올바르지 못한 목표를 추구했다는 데 부끄러움을 느끼기보다 결실을 거두지 못했다는 사실을 더 치욕스러워 합니다.

욕구를 충족하지도 포기하지도 못하는 이런 사람들은 애초에 벌인 일을 후회하면서도 다시 시작하기는 두렵기 때문에 불안에 떨며 살 수밖에 없습니다.

여유를 억지로 견디는 나날들

자기 욕구를 충족하지도 포기하지도 못하며 주저하는 삶을 사는 사람은 일이 없는 시간이 생기면 올바른 길을 찾지 못하고 희망을 잃은 채 무감각하게 살아갑니다. 이런 사람이 자신의 노력을 보답받지 못한 절망감에 여가와 학문으로 도피한다면 상황은 악화될 뿐입니다. 타고나기를 가만있지 못하고 늘 일을 벌이며 다른 사람 앞에 나서기 좋아하는 사람에게는 고즈넉하게 여유를 즐기고 혼자 학문을 파고드는 생활이 만족스러울 리 없죠.

바쁘게 살면서 즐거움을 찾던 사람이 일하는 낙을 잃었으니, 홀로 방 안에 갇혀 보내는 시간이 얼마나 괴롭겠습니까? 한순간 할 일을 잃은 사람은 인생이 지루하고 불만족스러울 겁니다. 어디에도 마음 둘 곳이 없어서 삶이 불안할 겁니다. 갑자기 생긴 이 여유를 억지로 견디는 날이 하루하루 계속되겠죠. 그 이유를 솔직하게 털어놓을 용기가 없어서 그저 속으로 괴로움을 견디는 사람이라면 특히 더 그럴 겁니다.

이렇게 출구조차 없는 좁은 마음 안에 다양한 욕망이 얽히고설켜 있습니다. 이 불안정한 마음에는 슬픔, 우울, 동요가 밀려오고 실망이 보답받지 못한 열망을 대신합니다. 갑자기 찾아온 여유에 적응하지 못하고 부정적인 감각에 사로잡힌 사람은 도무지 할 일이 없다며 불평을 늘어놓습니다.

여기서 그치면 그나마 다행이지만 사회적으로 성공을 거둔 타인을 보면서 시기와 질투를 느끼는 사람도 있습니다. 자신은 이제 더는 승승장구할 기회가 없으니 하릴없이 일상을 불행하게 흘려보내면서 남이 잘못되기를 바랍니다. 타인을 향한 저주와 스스로를 향한 혐오는 어느새 운명을 향한 분노와 시간에 대한 불만으로 이어집니다. 그리고 스스로 지쳐 나가떨어질 때까지 자신이 맞닥뜨린 문제를 하염없이 곱씹습니다.

마음은 흔들리기 마련입니다

인간은 늘 새로움을 추구하려는 경향이 있어서 쉽게 마음이 흔들립니다. 짜릿한 일탈을 경험할 기회는 결코 마다하지 않으며, 잘못됐다는 사실을 알면서도 자주 욕망에 굴복합니다.

통증이 따를 것을 알면서도 다친 곳을 만지고, 상처가 남을 것을 알면서도 가려운 곳을 긁듯이 인간의 뒤틀린 욕망은 고통과 번뇌를 바탕으로 쾌락을 찾습니다. 쑤시는 몸을 이리저리 돌려가며 시원한 자세를 찾는 것처럼 고통과 쾌락을 함께 얻을 수 있는 행위가 있기 때문입니다. 호메로스Homeros의 신화에 등장하는 영웅 아킬레스가 그런 인물이었죠.

이런 태도는 병에 걸려 아픈 사람이 한 가지 치료법을 고수하지 않고 바닥에 등을 깔고 누웠다가 돌아서 엎드려 눕기를 반복하며 이런저런 방법을 찾아 나서는 것과 비슷합니다.

"인간은 스스로에게서 달아나기 위해 여행을 떠난다"

현재에 만족하지 못하고 변덕스러운 사람은 산을 넘고 바다를 건너 온 세상을 떠돌면서 스스로를 증명하려고 합니다.

"아름다운 풍경을 찾아 떠나겠다."

모험가는 좋은 경치를 찾아서 충분히 감상한 다음, 이제 거친 곳으로 눈을 돌립니다.

"험한 땅으로 향하는 길을 개척하겠다."

기껏 험지를 찾아서는 이제는 눈을 즐겁게 해줄 풍경이 없어서인지 무언가 부족함을 느낍니다.

"겨울에도 날씨가 온화한데다가 항구가 발달해서 고대부터 수많은 사람이 터를 잡고 살던 곳으로 가자."

그러고는 군중이 떠드는 소리를 들은 지 오래됐으니 사람 구경을 하러 떠납니다.

"이제 도시로 방향을 틀겠다."

이들은 한 여행이 끝나기 무섭게 다른 여행지를 찾아 떠납니다. 루크레티우스Lucretius[1]는 이렇게 말했습니다.

"인간은 스스로에게서 달아나기 위해 여행을 떠난다."

1 고대 로마의 시인이자 유물론 철학자

우리를 괴롭히는 것은 환경이 아니라 자신의 결점입니다

자신에게서 달아나지 않으면 무엇을 얻을 수 있는지 궁금하지 않으십니까? 모든 인간은 죽을 때까지 자신에게서 벗어날 수 없으며, 그 부담은 어떤 짐보다 무겁게 어깨를 짓누르고 있습니다.

우리를 괴롭게 하는 고난은 환경이나 장소가 아닌 자신의 결점에서 비롯됩니다. 나약한 사람은 인내가 부족하기에 노력을 계속 이어가거나 쾌락을 절제하지 못할 뿐 아니라 어떤 행위를 오랜 기간 지속할 수 없습니다. 툭하면 목적을 바꾸니 정신을 차려보면 어느새 같은 자리에 되돌아와 있습니다. 그런 사람은 시간이 흐를수록 새로운 시도를 하기 어렵습니다. 물론 이런 자기 결점을 견디지 못해 죽음을 선택하는 사람도 있습니다.

자신에게서 달아나는 사람은 제멋대로 살면서 시간을 낭비하다가 세상만사가 귀찮아지면 이렇게 불평합니다.

"언제까지 똑같은 나날을 견디며 살아야 하지?"

스스로 할 일을 찾으면
권태롭지 않습니다

누군가 권태를 극복할 방법을 묻는다면 저는 할 일을 찾으라고 조언하고 싶습니다. 아테노도루스Athenodorus[2]가 말했듯, 가장 좋은 방법은 공적인 일에 전념하고 시민으로서 의무를 다하며 바쁘게 사는 겁니다.

쇠약한 사람은 볕이 잘 드는 곳을 찾아 체조를 하고 건강을 관리하는 데 시간을 투자할 것이고, 운동선수는 근육과 근력을 키우는 데 하루의 대부분을 할애할 겁니다.

한 나라의 국민, 더 나아가 인류를 위해 일하고 싶은 사람이라면 자신의 능력과 관심을 최대로 활용해 국가에 봉사하는 길을 찾으십시오. 그 길에서 자신을 갈고닦을 수 있습니다.

2 스토아학파를 따르던 고대 로마 철학자

가치 있는 사람이 지나간 자리에는
발자국이 남습니다

아테노도루스는 이렇게 이야기했습니다.

"너나없이 야망을 추구하는 어지러운 세상에서는 옳음과 그름을 왜곡하는 교묘한 속임수가 빈번하게 일어난다. 이 때문에 단순한 방식으로는 안전을 보장받기 어렵다. 정치인에게 단순함은 득보다 실이 많다.

위대한 인물은 많은 사람이 지켜보는 토론장 한복판이 아닌 평범한 삶 속에서도 자유롭게 뜻을 펼칠 수 있다. 철창에 갇혀 늘 비슷한 행동만 반복하는 짐승과 인간은 다르다. 은퇴 후에 진정으로 대단한 업적을 쌓는 이유가 여기에 있다.

한 발짝 물러나 여유를 즐길 때에도 다른 사람을 위해 지혜를 나누고, 목소리를 내고, 조언을 아끼지 않아야 한다. 토론장에서 이름을 날리고, 재판장에서 약자를 변호하고, 전장에서 평화를 수호하는 인물만이 나라를 위해 봉사하는 것은 아니다.

잘못된 행동을 일삼는 젊은이를 꾸짖고, 미덕을 함양하

도록 이끌어주는 좋은 스승이 되어주며, 사치를 일삼으며 재물만을 탐하는 자들을 바른 길로 이끌거나 절제하도록 가르칠 수 있는 사람은 이미 일상에서 국가의 발전을 위해 힘쓰고 있는 것과 같다.

정의, 신념, 인내, 용기, 죽음 앞에 초연한 마음가짐, 신의 말씀, 양심이 선사하는 자유와 안정감을 가르치는 인물이 재판장에서 보좌관이 작성한 평결을 발표하는 집정관보다 못하다고 이야기할 사람이 어디 있겠는가?

공무를 내려놓고 얻은 시간을 철학을 공부하는 데 사용한다면 이 또한 나라를 위한 일이다. 전방에서 직접 무기를 들고 전투에 나서는 사람만 군인이 아니다. 밤새 성문과 초소에서 보초를 서고 무기고를 지키는 사람 또한 군인이다. 피를 흘리며 싸우지 않지만 그 또한 군에 복무하고 있기 때문이다.

그러니 삶을 혐오하거나 밝은 빛에 질려 밤을 기다리거나 자신을 아무짝에도 쓸모없는 짐처럼 여기고 싶지 않다면 철학에 몰두해야 한다. 철학에 힘쓰면 본받을 만한 훌륭한 인물이 우정을 쌓겠다며 스스로 찾아올 것이다.

미덕은 쉽게 드러나지 않지만 어떤 상황에도 숨길 수 없으니 어디서나 그 흔적을 찾을 수 있다. 이는 가치 있는 사람이 지나간 자리에 족적이 남는 것과 같다. 하지만 사회에 등을 돌리고 인류를 무시한 채 오로지 자신만을 위하며 산다면 마음 둘 곳을 잃은 고독은 오직 성취를 향한 열망으로 이어질 것이다.

그렇기에 우리는 건물을 세우고 또 허물길 반복하며, 자연에 맞서 바다를 밀어내고, 강의 흐름을 바꿀 뿐 아니라 우리에게 주어진 시간을 부당하게 사용한다.

어떤 사람은 아무 일도 하지 않은 채 시간을 낭비하고, 어떤 사람은 흥청망청 아무렇게나 세월을 흘려보낸다. 의미 있게 시간을 활용하는 사람이 있는가 하면, 아무 의미 없이 부끄러움만 남기며 사는 사람도 있다. 나이를 빼고는 오래 살았다는 사실을 증명할 길이 하나도 없는 노인이 그런 부류에 속한다."

무기를 손에서 놓기 전에
협상에 나서야 합니다

아무래도 아테노도루스는 너무 쉽게 시대와 타협하고 자리에서 내려온 것 같습니다. 어느 정도 나이가 들면 은퇴해야 한다는 의견에는 동의하지만 군인의 명예를 지키면서 천천히 물러나야 한다고 생각합니다. 적군에게 존중받으며 스스로의 안전을 지키려면 무기를 손에서 놓기 전에 협상에 나서야 합니다.

미덕을 추구하는 사람도 이와 같이 행동해야 합니다. 운명에 옴짝달싹 못하게 된다면 마치 운명에서 벗어날 수 있을 것처럼 재빨리 등을 돌려 은신처를 찾아 달아나지 마십시오. 그보다는 더욱 여유롭게 공무를 수행하면서 국가에 봉사하는 '열린 길'을 찾으십시오.

세상에는 열려 있는 곳이 더 많습니다

군인이 될 수 없다면 관직에 오르십시오. 공직에 나설 수 없다면 변호사가 돼 재판장에 서십시오. 목소리를 낼 수 없는 상황이라면 침묵 속에서 국민을 지지하십시오. 토론장에 모습을 드러내는 것만으로 위험에 처한다면 집에서, 거리에서, 만찬장에서 좋은 동료, 믿을 만한 친우, 예의 바른 손님 노릇을 하십시오.

시민으로서 의무를 수행할 수 없는 처지라면 인간으로서 의무를 다하십시오. 철학자가 도시의 성벽 안에 갇혀 지내지 않고 전 세계를 돌아다니며 세상을 조국으로 선언하는 이유는 더 넓은 곳에서 미덕을 실천하기 위함입니다.

재판장에 들어갈 수 없다고, 강단에 서거나 선거 유세를 펼칠 수 없다고 슬퍼하지 마십시오. 뒤를 돌아보면 넓은 세계와 수많은 사람이 보일 겁니다. 제아무리 많은 곳에서 당신을 쫓아낸다고 해도 열린 곳보다 닫힌 곳이 넓은 세상은 없습니다.

양쪽 팔이 잘려 무기를 들 수 없다면 함성을 질러 아군의 힘을 북돋아 주면 됩니다

선량한 시민의 노력은 결코 헛되지 않습니다. 집정관이나 시장, 전령관, 심판관이 아니더라도 나라를 위해 봉사할 방법은 많습니다. 항상 장군이나 연대장으로만 군 복무를 할 수는 없는 노릇입니다. 다른 사람이 모두 전방에서 적군과 맞서 싸울 때 혼자 후방에 남아 있다고 하더라도 그곳에서 목소리를 높여 전우를 응원하고 사기를 진작하는 일 또한 군인의 의무가 아니겠습니까?

양쪽 팔이 다 잘려 무기를 들 수 없다면 함성을 질러 아군의 힘을 북돋워 주면 됩니다. 이것이 당신이 해야 할 일입니다. 운명이 당신에게서 높은 관직을 빼앗는다면 버티고 서서 함성을 지르십시오. 누군가 함성을 지르는 입을 막더라도 버티고 서서 침묵으로 힘을 보태십시오.

표정과 몸짓, 말 없는 고집, 걸음걸이를 보여주고 들려주는 것만으로도 나라에 도움이 될 수 있습니다. 어떤 약초는 먹거나 만지지 않아도 냄새만으로 효험을 보이듯, 미덕은 멀리 보이지 않는 곳에 숨어 있어도 세상에 보탬이 됩니다. 미덕은 온 세상을 누비며 활발히 돌아다니든, 고난 속에서 억지로 돛을 올리든, 침묵을 지키며 좁은 곳에 갇혀 있든, 또는 훤히 드러나든 어떤 상황에서도 늘 선을 행합니다.

몸을 숨겨서는 스스로를 지킬 수 없습니다

30인 참주[3]는 아테네 시민 1,300여 명을 살해하고 도시를 참혹하게 망가트렸습니다. 정복자의 만행은 날이 갈수록 잔혹해졌죠. 신을 경외하고 자유로운 토론을 사랑하던 도시에서는 매일같이 교수형이 집행됐고 참주가 원로원 건물을 점령했습니다. 아테네에 평화가 찾아오기란 불가능해 보였습니다. 자유를 되찾을 희망도, 잔인하고 강인한 적대 세력에 대항할 도움의 손길도 보이지 않았죠. 이런 상황에서 어떻게 그리스가 억압을 이겨낼 수 있었겠습니까?

소크라테스는 슬픔에 빠진 도시 한가운데서 행정관을 격려하고, 절망하는 시민을 위로하고, 부를 당연하게 여기다가 뒤늦게 탐욕을 회개하는 부자를 질책하는 한편, 30인의 독재자 사이를 당당히 걸어 다니며 훌륭한 본보기를 보였습니다. 하지만 결국 소크라테스는 아테네 감옥에서 숨

3 고대 그리스·로마에서 과두정치(寡頭政治)를 이끈 서른 명의 세력자

을 거뒀죠. 아무렇지 않게 독재자를 조롱하던 자유로운 인물을 그들이 견디지 못한 탓입니다.

나라가 위기에 처했을 때는 현자에게 두각을 드러낼 기회가 주어집니다. 하지만 나라가 평온하고 번영할 때는 시기 질투를 비롯한 온갖 비겁한 악덕이 제멋대로 날뛴다는 사실을 기억해 두십시오. 그러니 우리는 나라의 상황과 운명이 허락하는 대로 활동을 늘이거나 줄이면서 어떻게든 계속 움직여야지, 두려움에 사로잡혀 가만있어서는 안 됩니다. 사방에서 무기를 들이밀고 사슬을 흔들며 위협해도 미덕을 잃거나 숨기지 않는 사람이야말로 진정한 인간이라고 할 수 있습니다. 몸을 숨겨서는 자신을 지킬 수 없기 때문입니다.

무엇보다 자신을 정확히 평가해야 합니다

저는 "죽은 것처럼 사느니 죽는 게 낫다"는 쿠리우스 덴타투스 장군의 말에 동의합니다. 죽기도 전에 살아 있는 사람 명단에서 제외되는 것만큼 안타까운 일이 어디 있겠습니까? 하지만 나라를 위해 봉사하기에 좋지 않은 시대에 태어났다면 여가를 즐기고 학문에 정진하는 데 더 많은 시간을 쏟아야 합니다. 항해를 하다가 바다가 거칠어지면 배는 항구를 찾아 뭍으로 들어오듯 당신도 나라에서 놓아줄 때까지 기다리지 말고 스스로 그곳을 떠나십시오.

이때 먼저 자신을 돌아보고, 그다음에 자신이 시작하려는 새로운 일을 확인하고, 마지막으로 함께 일할 사람과 그로써 이익을 볼 사람을 따져봐야 합니다.

인간은 무릇 자신이 지닌 능력을 과대평가하는 경향이 있으니 무엇보다 자신을 정확히 평가해야 합니다. 어떤 사람은 자신의 말주변을 믿다가 실수를 저지르고, 어떤 사람은 자기 그릇 이상의 부를 요구하고, 어떤 사람은 나약한 자신의 몸으로 버티기 힘겨운 업무를 수행하려 합니다.

정치를 하려면 어느 정도의 뻔뻔함을 갖춰야 하니 지나치게 겸손한 사람에게는 적합하지 않습니다. 또, 법정에서 일하기에 너무 고집이 센 사람도 있습니다. 분노를 조절하지 못해 벌컥 화를 내다가 성급하게 말을 내뱉는 사람이나 중도中度를 모르고 아슬아슬한 농담을 일삼는 사람 또한 공직에는 맞지 않으니 욕심을 내려놓고 조용히 사는 편이 낫습니다. 고집이 세고 참을성이 없는 성정을 타고난 사람이 멋대로 말을 하게 내버려 뒀다가는 사회에 해를 끼칠 수 있으니 애초에 그런 자리로 나가지 않는 편이 좋지 않겠습니까?

자신의 성향과 능력에
맞는 일을 택하십시오

자신을 정확히 평가한 다음에는 일의 성격을 살펴보아야 합니다. 앞으로 하려는 일이 자기 능력으로 감당할 수 있는지 봐야죠. 등에 진 짐이 너무 무거우면 짐에 사람이 깔려버립니다. 어떤 경우에도 사람이 일에 압도되면 안 됩니다.

그리고 어떤 일은 손이 많이 가는 데 비해 결과물이 그다지 대단치 못합니다. 이렇게 계속 번거로움이 더해지는 일은 피해야 합니다. 마찬가지로 자유롭게 물러설 수 없는 일 또한 시작하지 말아야 합니다. 마무리할 수 있는, 예상할 수 있는 일을 하십시오. 하다 보니 일이 자꾸 늘어나거나 원하는 때에 그만둘 수 없는 일도 애초에 시작하지 말아야 합니다.

타고난 성향이 활동적인 일에 더 잘 맞는지, 또는 조용하게 학문을 연구하고 사색하는 데 더 적합한지 숙고해보세요. 자기 기질에 맞는 길을 택하십시오. 이소크라테스 Isocrates[4]는 제자인 에포로스 Ephorus[5]가 역사를 기록하는 데 재주가 있다는 사실을 깨닫고 그의 손을 이끌고 연단에 올라 갔습니다.

타고난 기질과 관계없이 충동적으로 시작한 일에서는 보람을 찾을 수 없습니다.

4 고대 그리스의 변론가
5 이소크라테스의 제자이자 역사가

사람을 고를 때는 특히 주의를 기울여야 합니다

일로써 가까이 받들 사람을 고를 때는 주의를 기울여야 합니다. 과연 그에게 내 인생의 일부를 바칠 만한 가치가 있는지, 또는 내가 희생한 시간이 그에게 보탬이 될지 고려해야 합니다. 어떤 사람은 누군가 자신을 위해 봉사하는 것을 당연하게 여기기 때문입니다.

아테노도루스는 자신의 방문을 고마워할 줄 모르는 사람과는 식사하지 않겠다고 말했습니다. 이미 알고 있겠지만, 아테노도루스는 친구가 베푼 호의를 식사로 갚으려는 사람이나 대단한 명예를 행하는 양 호화로운 만찬을 차리는 사람과의 식사 자리는 더욱이 피하려고 했습니다. 그런 사람과는 구경꾼이나 증인이 없다면 진수성찬을 먹어도 즐겁지 않을 겁니다.

진정한 친구는 얼굴만 봐도 즐겁습니다

단단하고 진실한 우정은 견줄 수 없는 커다란 기쁨을 선사합니다. 아무 걱정이나 두려움 없이 모든 비밀을 털어놓을 수 있고, 대화를 나누는 것만으로 불안을 덜어주는 친구가 있다면 얼마나 큰 축복입니까?

진정한 친구는 조언을 아끼지 않으며 명랑함으로 슬픔을 위로할 뿐 아니라 얼굴만 봐도 즐거운 법입니다. 그러니 당신은 이기적인 욕망에서 자유로운 사람을 친구로 삼아야 합니다. 악덕은 소리 없이 다가와 가장 가까이 있는 사람에게 해악을 퍼뜨리기 때문입니다.

병든 사람과 함께하면 병이 퍼지기 마련입니다

역병이 돌기 시작하면 이미 질병에 감염되어 열이 오르기 시작한 사람의 곁을 피해야 합니다. 병자가 내쉬는 숨 때문에 위험에 처할 수 있기 때문입니다.

마찬가지로 친구를 고를 때도 상대방이 어떤 성정을 지녔는지 꼼꼼히 관찰하고, 되도록 흠이 적은 사람을 가까이 하면 좋습니다. 건강한 사람과 병든 사람을 같이 두면 병은 퍼지기 마련입니다.

매사 불평불만을 일삼는 사람은 피해야 합니다

우리가 현자만 가까이하고 따를 수는 없습니다. 수 세기에 한 번씩 출현하는 현자가 그리 쉽게 눈앞에 나타나겠습니까? 사실 가장 덜 나쁜 사람이 곧 가장 좋은 사람 아니겠습니까?

플라톤이나 크세노폰Xenophon[6], 소크라테스학파를 따르는 사람 중 괜찮은 인물을 찾거나 카토와 같은 시대에 태어난 사람을 고른다면 썩 괜찮은 우정을 쌓을 수 있을 겁니다. 다만 당대에는 끔찍한 범죄를 일삼던 잔혹한 악인 또한 많이 태어났습니다. 선인이 그의 능력을 증명하려면 악인이 필요하듯 카토의 가치를 제대로 평가하려면 반대되는 인물도 살펴보아야 할 테죠.

무엇보다 요즘에는 선한 사람을 찾기가 아주 어려우니 기준을 조금 낮춰도 좋을 듯합니다. 우선 매사에 불평불만을 일삼는 무리만은 피하길 바랍니다. 어떤 상황에도 우정

6 고대 그리스의 군인이자 작가

과 의리를 지키는 사람이라도 옆에서 쉴 새 없이 불평을 늘어놓는다면 평온을 찾기 어렵기 때문입니다.

잃을 것이 없는 사람이 행복합니다

인간이 근심에 시달리는 가장 큰 원인인 재물에 관해 이야기해 보겠습니다. 죽음, 질병, 공포, 욕구, 인내, 고통, 노동과 같이 인간을 괴롭히는 그 어떤 문제보다 재물이 주는 괴로움이 훨씬 큽니다.

먼저 당신은 가졌던 재물을 잃느니 애초에 가지지 못하는 편이 차라리 덜 괴롭다는 사실을 유념해야 합니다. 가난한 사람일수록 잃을 것이 적으므로 오히려 괴로울 일이 적습니다. 부자는 돈이 많으니 잃어도 의연할 것이라 생각했다면 착각입니다. 몸집이 크나 적으나 상처가 쓰라린 것은 마찬가지입니다. 비온Bion[7]은 머리가 벗겨진 사람이나 숱이 풍성한 사람이나 머리카락을 뽑으면 아프긴 매한가지라고 비유했습니다. 이는 돈이 많은 사람과 적은 사람에게도 똑같이 적용됩니다. 부자든 빈자든 돈에 단단히 묶여 있기는 매한가지고, 돈을 잃을 때 아프지 않을 수는 없습니다. 하

7 고대 그리스의 시인

지만 앞서 말했듯 재물을 잃는 것보다는 벌어보지 못한 것이 그나마 견디기 수월합니다.

행운의 여신에게 버림받은 사람보다 행운이 애초에 따르지 않은 사람이 즐겁게 사는 경우를 어렵지 않게 볼 수 있습니다. 위대한 디오게네스는 일찍이 이를 깨닫고 소유하지 않는 삶을 택했죠. 이렇게 불안으로부터 자유로워진 상태에 가난이든 결핍이든 어떤 이름을 붙이든 상관없습니다.

무엇 하나 잃을 걱정이 없는 디오게네스야말로 행복한 사람 아니겠습니까? 호시탐탐 남의 재물을 탐하는 강도와 도둑이 판치는 세상에서 아무 근심 걱정이 없다면 이는 왕족이나 누릴 수 있는 특권입니다. 디오게네스가 행복하지 않다면 불멸을 누리는 신 또한 행복할 수 없을 겁니다. 신에게는 호화로운 저택도, 화려한 정원도, 소작을 놓을 수 있는 비옥한 농장도, 대단한 이자 수익도 없는데 어떻게 행복할 수 있냐고 묻는 것과 같은 말이죠.

부 앞에서 고개를 조아리기 바쁜 사람은 부끄러운 줄 알아야 합니다. 하늘을 올려다보십시오. 우리가 섬기는 신은 모든 것을 내어주고 아무것도 가지지 않습니다. 그렇다면 행운의 여신이 선사한 부를 스스로 벗어던진 사람은 가난한 사람입니까, 신과 같은 사람입니까?

주인 없이 살 수 있는 노예,
노예 없이 살지 못하는 주인

폼페이우스가 해방한 노예 데메트리우스Demetrius는 옛 주인보다 부유하다는 사실을 부끄러워하지 않았습니다. 그런 데메트리우스가 폼페이우스보다 더 행복한 사람이라고 말할 수 있겠습니까? 그는 원래 하인 두 명과 널찍한 방 한 칸으로도 온갖 부를 누린다고 생각했을 테죠. 그러나 훗날 부자가 된 이후에는 병사의 수를 보고받는 장군처럼 매일 자신이 소유한 노예의 수를 보고받았습니다.

반면 디오게네스는 하나뿐인 노예가 도망갔다는 이야기를 듣고 쫓아갈 시늉조차 하지 않고 이렇게 말했습니다.

"노예가 주인 없이 살 수 있다는데, 주인이 노예 없이 못 산다면 그 얼마나 부끄러운 일이겠는가!"

저는 디오게네스의 말을 이렇게 받아들였습니다.

"운명이여, 나의 인생에 신경 끄길 바라오. 나는 운명에게 원하는 것이 조금도 없소. 해방을 얻은 사람은 내 노예가 아니라 나 자신이오."

하인을 거느리려면 옷과 음식이 필요합니다. 굶주린 배

를 채워주고, 몸을 가릴 옷을 사주어야 하며, 나쁜 손버릇을 감시해야 할 뿐 아니라 시중을 받으려면 험악하게 소리를 질러야 합니다. 거느리는 하인이 없는 사람은 자신만 건사하면 되니 얼마나 행복하겠습니까? 하지만 우리는 디오게네스와 같이 위대한 인물이 되지 못할 터이니 운명이 부리는 심술에 덜 다치려면 불필요한 재물을 줄이려고 애써야 합니다.

검소함이 부를 가져올 겁니다

전쟁터에서는 갑옷이 자기 몸보다 크거나 작은 것보다 몸에 딱 맞는 사람이 훨씬 안전합니다. 마찬가지로 빈곤 때문에 허덕이지도, 지나치게 풍족하지도 않은 정도의 재물이 가장 적당합니다.

검소하게 사는 데 익숙한 사람이라면 그 정도의 재산으로도 충분히 만족할 수 있습니다. 사치스러운 사람은 제아무리 많은 부가 주어져도 모자라고, 검소한 사람이라면 얼마간의 재물만 있어도 사는 데 부족함이 없습니다. 근검절약이 몸에 배면 검소함이 부를 가져올 겁니다.

절약은 운명이 아닌
스스로에게서 부를 구하는 것

과시욕을 누르고 실용적인 삶을 추구하는 습관을 들여야 합니다. 음식은 허기를 달래고 갈증을 해소하면 그만입니다. 욕망은 자연의 흐름을 따르도록 하고, 스스로 팔다리를 움직이며, 유행을 좇기보다 관습에 걸맞은 옷차림과 생활 방식을 익혀야 합니다.

자제력을 키우고, 사치를 줄이고, 야망을 절제하고, 분노를 누그러뜨리고, 가난을 편견 없이 바라보고, 타인의 시선을 부끄러워하지 않고, 절약을 실천하고, 욕구는 되도록 적은 값으로 충족하고, 터무니없는 희망에 부풀어 오르는 마음에는 족쇄를 채워야 합니다.

우리가 절약을 하는 까닭은 운명이 아닌 자기 자신에게 부를 구하기 위함입니다.

커다란 돛을 펼치고 항해하는 사람은 폭풍을 만날 수밖에 없습니다

살면서 맞닥뜨리는 온갖 불운을 물리치기란 불가능합니다. 커다란 돛을 펼치고 항해하는 사람은 때로 폭풍을 만날 수밖에 없습니다. 이때 운명이 쏘는 화살을 피하려면 활동 반경을 줄여야 합니다. 그렇게 하면 불행과 재난이 오히려 복이 되고, 심각하게 발전할 만한 병도 가볍게 앓고 넘어갈 수 있죠.

이 세상을 살다 보면 악을 악으로 막아야 하는 경우를 봅니다. 조언을 받아들일 줄 모르고 온화한 방법으로는 개선의 여지가 없는 사람에게는 운명이 빈곤, 치욕, 불행과 같은 과격한 수단이라도 사용해야 하지 않겠습니까?

손님 없이 조촐히 식사하고, 더 적은 하인을 거느리고, 목적에 맞게 옷을 입고, 더 좁은 집에서 사는 습관을 들여야 합니다. 원형경기장뿐 아니라 삶이라는 경기장에서도 안쪽 길을 따라 걷도록 하십시오.

남에게 보여주기 위해 책을 사서는 안 됩니다

연구비는 가장 값어치가 있는 소비이지만, 자기 수준을 잘 가늠해서 써야 합니다. 평생 동안 제목조차 다 읽을 수 없을 만큼 많은 책을 쌓아둔 서재가 다 무슨 소용입니까? 거대한 책 더미는 가르침이 아닌 부담을 줄 뿐입니다. 수많은 작가가 쓴 책을 대충 훑어보느니 몇 권이라도 신중히 파고드는 편이 낫습니다.

알렉산드리아에서는 책 사만 권이 불에 타서 사라졌습니다. 누군가는 그 도서관이 부유한 왕이 세울 수 있는 가장 고귀한 기념비라고 칭송했습니다. 티투스 리비우스Titus Livius[8]는 왕의 고상한 취미와 따뜻한 배려로 만들어진 작품이라고 표현했지만 알렉산드리아에 거대한 도서관이 세워진 이유는 학술적 사치일 뿐, '고상한 취미'도 '따뜻한 배려'도 아니었습니다. 아니, '학술적' 사치라고도 표현할 수 없습니다. 학술적 연구가 아닌 과시를 목적으로 책을 수집했

8 고대 로마 역사가

기 때문입니다. 이는 마치 어린아이만큼의 지식도 갖추지 못한 사람이 책을 학습 수단이 아닌 식당 장식으로 사용하는 것과 같습니다. 책은 필요한 만큼 사야지, 단순히 남에게 보여주기 위해 사서는 안 됩니다.

이렇게 되묻는 사람도 있을 겁니다.

"청동이나 그림에 돈을 낭비하는 것보다는 책을 수집하는 게 그래도 낫지 않습니까?"

하지만 무엇이든 지나치면 독이 되기는 마찬가지입니다. 상아와 귤나무로 만든 책장을 탐내고, 이름이 알려지지 않았거나 신뢰성이 없는 작가의 책 수천 권을 모아놓고 그 사이에 앉아 하품을 하며 책의 표지와 제목만 보고 즐거워하는 사람에게 어떤 핑곗거리가 있단 말입니까? 게으름뱅이의 집에 가면 역사가와 웅변가의 책이 천장에 닿을 듯 높이 쌓여 있습니다.

요즘에는 저택에 책을 장식하는 게 유행인지 목욕탕이나 온천에도 서재를 만들어두더군요. 학문에 열의가 지나쳐 이런 실수를 저질렀다면 기꺼이 용서할 수 있지만, 이들이 천재의 초상화가 그려진 책을 잔뜩 사 모으는 이유는 단지 장식으로 쓰기 위해서입니다.

불행을 받아들이면 평온해집니다

인생을 살다 보면 어려운 시기를 지날 수 있습니다. 이때는 자신도 모르는 사이에 사회적으로든 개인적으로든 풀 수도, 끊을 수도 없는 사슬에 얽매일 수 있죠. 처음에 사슬은 다리에 걸린 무거운 족쇄로 느껴져 불편할 겁니다. 하지만 몸부림치기를 그만두고 사슬을 받아들이기로 마음먹으면 어느덧 적응하게 됩니다.

이를 필연으로 여기면 용감하게 버틸 수 있고, 습관으로 받아들이면 수월하게 견딜 수 있습니다. 어떤 인생을 살든지 자신에게 찾아온 불행을 혐오하지 않고 선뜻 받아들인다면 우리는 언제나 즐거움과 휴식과 기쁨을 찾을 수 있습니다.

자연은 인간이 어떤 괴로움을 짊어지고 태어났는지 잘 알기에 우리 괴로움을 덜어주기 위해 가장 심각한 병에도 금세 익숙해지는 습관을 함께 주었습니다. 처음 역경을 마주했을 때 느끼는 고통이 똑같이 계속된다면 제아무리 강한 사람이라도 견딜 수 없을 겁니다.

모든 인간은
무언가에 매여 살아갑니다

인간은 모두 자기 운명에 매여 있습니다. 금으로 만든 사슬에 느슨하게 묶인 사람이 있는가 하면, 싸구려 금속으로 만든 사슬에 팽팽히 묶인 사람도 있습니다. 하지만 무슨 차이가 있겠습니까? 모두 사슬에 매여 고통받고 있으며, 타인을 속박한 사람도 속박돼 있기는 마찬가지입니다. 기껏해야 어느 쪽 손에 매인 사슬이 더 가벼운가를 따질 수 있을 뿐입니다.

누군가는 일이라는 사슬에 매여 있고, 누군가는 돈이라는 사슬에 매여 있습니다. 어떤 사람은 높은 신분을 타고나 괴로워하고, 어떤 사람은 미천한 출신이어서 고통받습니다. 타국의 지배자에게 고개를 숙이는 사람이 있는가 하면, 자국의 왕에게 충성을 맹세하는 사람도 있습니다. 어떤 사람은 추방되어, 또 다른 사람은 사제가 되어 한곳에 붙들려 삽니다.

모든 인간은 무언가에 매여 살아갑니다. 그러니 우리는 자신의 운명을 받아들이고, 되도록 불평하지 말며, 인생에서 장점을 찾아서 무엇이 됐든 그것을 꼭 붙잡아야 합니다. 평온한 마음으로 위안을 구하지 못하는 것만큼 괴로운 상태는 없습니다.

작은 땅이라도 잘 배분하면 유용하게 사용할 수 있고, 좁은 공간이라도 잘 배열하면 사는 데 불편함이 없습니다. 어려움이 닥치면 이성을 발휘하십시오. 단단한 것이 부드러워지고, 좁은 것이 넓어지며, 무거운 것이 가벼워질 겁니다.

높은 곳에는
절벽이 있기 마련입니다

욕망은 무조건 멀리하기보다는 가까이 두고 지켜봐야 합니다. 욕망을 언제까지고 가둬둘 수는 없기 때문입니다. 우리는 마칠 수 없는 일이나 마치기 어려운 일은 내버려 두고 가까이 있거나 될 만한 일을 추구해야 합니다.

실은 모든 일이 하찮으며 겉으로는 달라 보이지만 똑같이 허무하다는 사실을 유념해야 합니다. 높은 자리에 오른 사람을 부러워할 필요도 없습니다. 높은 곳에는 절벽이 있기 마련이니까요.

운명이 우리를 멈추기 전에 스스로 멈춰서야 합니다

운명이 친절을 베풀지 않아 위태로운 상황에 처한 이에게 고합니다. 당신은 스스로 자부심을 갖는 일에서 교만을 내려놓고, 되도록 재산을 평범한 수준에 맞추는 편이 안전할 겁니다.

떨어지지 않고는 내려올 수 없는 꼭대기에 매달려 있는 사람도 많겠지요. 그들에게 가장 큰 부담은 자신이 타인에게 짐이 될 수밖에 없다는 사실입니다. 또 높은 자리에 추앙된 것이 아니라 못 박혀 있다는 사실도 증명해야 하죠.

높은 곳에 오른 사람일수록 정의를 실천하고, 친절을 베풀고, 예의를 지키고, 선심을 베풀어 나중에 생길 수 있는 사고에 대비하여 안전장치를 마련해 놓아야 합니다.

하지만 마음의 동요를 멈추는 가장 효과적인 방법은 출세에 스스로 한계를 정해두는 일입니다. 물러날 시기를 운명에 맡겨서는 안 됩니다. 운명이 당신을 멈추기 훨씬 전에 스스로 멈춰서야 합니다. 그러면 갖가지 욕망이 마음을 자극해도 이미 자신의 한계를 정해뒀으니 무한하고 불확실한 곳으로 욕망이 흘러가지는 않을 겁니다. 이는 현자뿐 아니라 불완전한 자와 평범한 자, 건전하지 못한 자에게도 똑같이 적용됩니다.

우리가 가진 모든 것은 빌려온 겁니다

현명한 사람은 움츠러들어 조심스럽게 걸음을 옮길 필요가 없습니다. 현자는 자신감이 넘쳐 운명에 맞서길 주저하지도, 결코 운명 앞에서 물러서지도 않습니다. 운명을 두려워할 이유가 없기 때문입니다.

현자는 하인, 재산, 지위뿐 아니라 몸과 눈과 손, 인생을 소중하게 만드는 온갖 가치, 심지어 자기 자신까지도 빌려온 것처럼 살다가 돌려줄 때가 되면 무덤덤하게 자신이 가진 것을 내놓을 겁니다.

물론 그 무엇도 자신의 소유가 아니라는 사실을 알고 있다고 해서 스스로를 가치 없다고 여기지는 않습니다. 오히려 신실한 사람이 타인이 맡긴 재산을 소중히 돌보듯 자신에게 주어진 의무를 성실하고 신중하게 수행합니다.

빌려 쓴 모든 것을
흔쾌히 돌려드리겠습니다

운명이 불쑥 나타나 빌려준 것을 내놓으라고 하면 현자는 운명에 맞서 싸우기는커녕 이렇게 대답할 겁니다.

"지금까지 내가 누린 것에 감사하다는 인사를 전하오. 나는 그대가 빌려준 재산을 요긴하게 사용해 왔지만 주인이 돌려달라고 하니 감사한 마음으로 흔쾌히 내가 가진 것을 내놓겠소. 그중 내가 갖길 원하는 것이 있다면 계속해서 잘 지킬 테요. 하지만 그럴 생각이 없기에 나는 은 식기와 은화, 나의 집과 하인까지 모두 돌려주겠소."

이와 같이 운명이 우리에게 빌려준 것을 돌려달라고 한다면 이렇게 말해야 할 겁니다.

"처음 빌렸을 때보다 더 나은 영혼을 돌려줄 수 있어서 다행이오. 나는 다투거나 도망갈 생각이 없소. 그대가 빌려준 것을 흔쾌히 내놓을 준비는 이미 마쳤으니, 어서 가져가시오."

살고자 하면 죽을 것이고,
죽고자 하면 살 겁니다

우리가 온 곳으로 돌아가는 일이 어째서 그토록 어렵겠습니까? 잘 죽는 법을 모르는 사람은 잘못된 삶을 살게 될 겁니다.

죽음이 별것마냥 야단을 부릴 필요는 없습니다. 삶 또한 대단한 값어치를 지니지 않습니다. 키케로가 말하길, 관중은 살려고 발버둥치는 검투사에게는 화를 내지만 죽음을 대수롭지 않게 여기는 검투사에게는 응원을 보낸다고 합니다.

우리 인생도 마찬가지입니다. 가끔은 죽음에 대한 두려움이 죽음의 원인이 되기 때문입니다. 인간에게 장난치길 좋아하는 운명은 이렇게 말하죠.

"내가 너희처럼 미천하고 겁 많은 짐승을 살려야 하는 이유가 무엇이냐? 너희는 목을 내놓을 줄 모르기에 더 베이고 찔리며 상처를 입는다. 하지만 목을 빼거나 손을 내밀어 막지 않고 용감하게 날붙이를 맞이하는 인간은 더 오래 살고 편하게 죽음을 맞이할 것이다."

죽음은 예정된 일입니다

죽음을 두려워하는 사람은 결코 가치 있는 삶을 살 수 없습니다. 반면 잉태되는 순간 죽을 운명을 타고났다는 사실을 이해하는 사람은 자신에게 주어진 인생을 겸허히 받아들입니다. 이들은 강인한 정신을 지녔기에 예상하지 못한 일을 겪어도 충격을 받거나 당황하지 않죠. 언젠가 삶의 재난이 다가올 거라고 내다보고 있었기 때문입니다.

이미 마음의 준비를 끝낸 사람이라면 재난이 대수롭지 않게 느껴지겠지만, 장밋빛 미래만 그리던 사람이라면 견디기 힘들 겁니다. 자연은 인간을 무질서 속에 가둬놓았습니다. 그러니 질병이든 투옥이든 재해든 화재든 불시에 닥치는 재난은 없습니다.

제 이웃에서도 죽은 이를 슬퍼하며 울부짖는 소리가 자주 울려 퍼졌습니다. 그럴 때면 횃불과 촛불을 앞세운 장례 행렬이 집 앞을 지나갔습니다. 지척에서 건물이 무너지는 소리가 들릴 때도 있었습니다. 광장과 원로원에서 대화를 나누며 교류했던 사람을 한순간에 죽음에게 빼앗긴 적도 많았고, 우정을 맹세하며 맞잡은 손이 죽음으로 갈라진 일도 적지 않았습니다. 그러니 늘 주위를 맴돌던 위험이 저에게 닥친다고 해도 놀랄 만한 일은 아닙니다.

누군가에게 일어날 수 있는 일은 누구에게나 일어날 수 있습니다

많은 사람이 폭풍을 생각하지 않고 항해를 계획합니다. 저는 좋은 문장이라면 삼류 작가의 말이라도 거리낌 없이 인용하곤 합니다. 푸블릴리우스Publilius[9]가 우스꽝스러운 표정 묘사와 가장 값싼 좌석에 앉은 관객을 겨냥한 대사를 포기할 때면 희극 작가와 비극 작가보다 더 번뜩이는 재능이 드러납니다. 푸블리우스는 희극뿐 아니라 비극에서도 인상적인 시구를 많이 남겼는데, 그중 이런 문장이 있습니다.

"누군가에게 일어날 수 있는 일은
누구에게나 일어날 수 있다."

이를 마음속 깊이 새기십시오. 다른 사람에게 닥친 불행이 언제든 자신에게도 닥칠 수 있음을 명심한 사람은 운명에 공격당하기 전에 무장할 수 있습니다. 이미 위험이 닥

9 고대 로마 시인이자 극작가

친 후에 대비하려고 하면 때는 이미 늦습니다.

그럼에도 "이런 일이 일어날 줄은 몰랐다."라고 한탄하거나 "어떻게 이런 일이 일어날 수 있지?"라고 반문하는 사람이 있습니다. 하지만 그런 일이 일어나지 않으리라는 법이 어디 있습니까? 부의 뒤꽁무니에는 항상 궁핍과 굶주림과 빈곤이 따라붙고, 명예에는 언제나 수천 가지 오명과 악평이 뒤따릅니다.

모든 왕국은 언젠가 파멸을 맞이하니 왕좌에 앉아 있던 이가 다음 왕 앞에 무릎 꿇는 일 또한 한순간입니다. 인생의 모든 국면은 변화하기 마련이며 누군가에게 일어난 일은 나에게도 일어날 수 있음을 명심하십시오.

아무리 많이 가진 사람도 운명은 거스를 수 없습니다

아무리 부유해봤자 우리 중 폼페이우스보다 더 부유했던 사람이 있겠습니까? 그러나 폼페이우스는 친척이자 새 주인인 가이우스가 문을 열어 맞이했을 때 허기를 달랠 빵과 목을 축일 물조차 없었습니다. 한때는 거대한 영지와 강을 소유했던 인물이 물 한 모금조차 구걸해야 하는 신세로 전락했습니다. 폼페이우스가 허기와 갈증으로 죽어갈 때 그 자리를 차지한 새 주인은 그의 장례식을 준비하고 있었습니다.

제아무리 높은 관직에 올랐다 하더라도 세이아누스 Sejanus[10]만큼 대단한 자리를 차지했던 인물이 있었겠습니까? 하지만 세이아누스는 원로원의 호송을 받아 집으로 돌아가는 길에 시민의 손에 갈기갈기 찢겨 죽었습니다. 신과 인간이 선사할 수 있는 모든 것을 손에 쥔 세이아누스는 사형 집행인이 끌고 갈 수조차 없는 몰골로 세상을 떠나야 했

10 고대 로마의 최고 행정관

습니다.

운명 앞에서 왕이라고 달랐겠습니까? 산 채로 장작더미에 올라 불이 붙었다가 꺼지는 것을 목격한 크로이소스Croesus[11]는 자신의 왕국뿐 아니라 죽음보다 오래 살아남았습니다.

또 유구르타Jugurtha[12]는 로마 시민을 두려움에 떨게 한 지 채 1년도 안 돼 포로로 붙잡혔습니다. 우리는 아프리카 왕 프톨레마이오스Ptolemaeos와 아르메니아 왕 미트리다테스Mithridates가 가이우스의 호위병에게 끌려가는 모습을 직접 보지 않았습니까? 한 명은 추방됐고, 다른 한 명은 불안에 떨었지만 멀쩡히 풀려났습니다.

이렇듯 변덕스러운 운명 속에서 일어날 수 있는 모든 변수에 대비하지 않으면 이리저리 휩쓸리다가 결국 불행에 굴복되고 말 겁니다. 여기에서 벗어나는 방법은 앞을 미리 내다보는 것뿐입니다.

11 포로로 잡혔지만 지혜로 자신의 목숨과 나라를 지킨 고대 리디아 왕
12 북아프리카 누미디아 왕국의 군주

중요하지 않은 일에는
애쓸 필요가 없습니다

중요하지 않은 일에는 괜히 애쓸 필요가 없습니다. 이룰 수 없는 일을 이루려 하거나 온갖 괴로움을 겪고 이루고 난 다음에 뒤늦게 자신이 욕망하던 것이 공허함을 깨닫지 말라는 뜻입니다.

헛된 결과를 위해 노력하지 마십시오. 노력할 가치가 없는 결과를 추구해서는 안 됩니다. 자신이 이룬 성공이 부끄럽다면 마음이 개운치 못하기 때문입니다.

바쁘게 무작정 떠도는 습관

항상 집, 극장, 광장을 바쁘게 돌아다니며 남의 일에 간섭하는 사람이 많습니다. 이는 좋지 않은 버릇입니다. 집에서 나오는 그들을 붙잡고 "어디 가세요? 무슨 볼일이 있나요?"라고 물으면 이렇게 대답할 겁니다.

"솔직히 말하면 잘 모르겠습니다. 하지만 사람도 좀 만나고 이것저것 처리할 예정입니다."

이렇게 계획 없이 할 일을 찾아 무작정 떠도는 버릇이 있는 사람은 우연히 닥친 일을 처리하기에 급급합니다. 쓸데없이 여기저기를 돌아다니니 마치 나뭇가지를 타고 나무 꼭대기까지 올라갔다가 땅으로 내려오길 반복하는 개미 떼와 다를 바가 없습니다. 이들을 보고 게으름을 피우느라 바쁘게 산다고 손가락질해도 틀린 말은 아닐 겁니다.

그중에는 불구덩이에 뛰어드는 것처럼 안타까워 보이는 사람도 있습니다. 이런 사람은 타인과 부딪혀 스스로는 물론이고 남까지 넘어뜨리곤 합니다. 바쁘게 돌아다니며 하는 일이라곤 아는 체도 하지 않는 사람의 집에 들러 안부를 묻거나 제대로 알지도 못하는 사람의 장례식이나 재판에 참석하는 일입니다. 또는 이미 여러 번 결혼한 적이 있는 여성의 약혼식을 찾아다니고, 남의 가마를 따라다닙니다. 잔뜩 지쳐 집에 돌아와서는 애초에 자신이 왜 외출했는지, 어디에 다녀왔는지 도무지 모르겠다고 말합니다. 그리고 다음 날이면 똑같은 일을 반복합니다. 이들에게는 목표와 목적을 정하고 노력하는 습관이 필요합니다.

가장 만나기 어려운 사람은 바로 자기 자신입니다

우리가 바쁜 이유는 일이 많기 때문이 아니라 지금 뭔가 해야 한다는 강박 때문입니다. 아무리 어리석은 사람이라도 그 강박이 없으면 움직이지 않을 겁니다. 하지만 사물의 겉모습만 보고 잔뜩 마음이 들뜨기 때문에 본질을 꿰뚫어 보지 못합니다.

밖에 나가서 군중이 모이는 곳에 괜히 합류하는 사람은 하찮고 가치 없는 일로 시내를 돌아다닙니다. 해가 뜨기 무섭게 집 밖으로 나가 이 집 저 집을 찾아다니며 문을 두드리지만 응답은 없고, 문지기에게 인사를 건네도 쫓겨나기 일쑤입니다. 그러다가 마침내 집에서 가장 만나기 어려운 인물이 다름 아닌 자기 자신이라는 사실을 깨닫습니다.

이런 부적절한 습관에서 남의 내밀한 사정을 엿듣고 캐물으며, 입 밖에 내기도 귀에 담기도 위험한 온갖 이야기를 알게 되는 끔찍한 악덕이 생겨납니다. 아마 데모크리토스 또한 같은 생각으로 이런 말을 했을 겁니다.

"평온하게 살길 바란다면 공적으로나 사적으로나 많은

일에 얽히면 안 된다."

물론 데모크리토스가 이 문장에서 가리키는 '일'이란 가치 없는 일입니다. 꼭 필요하다면 헤아릴 수 없이 많은 일이라도 기꺼이 관여해야 합니다. 하지만 신성한 의무가 아니라면 굳이 나설 필요가 없습니다. 관여하는 일이 많을수록 운명에 휩쓸릴 확률이 큽니다. 가장 안전한 방법은 되도록 운명을 자극하지 않으면서 조심스럽게 앞날을 가늠해보고 미래를 확신하지 않는 겁니다. 그래서 이렇게 다짐하는 습관이 좋습니다.

'무슨 일이 일어나지만 않는다면 항해에 나설 것이다.'

'누군가의 방해만 없다면 집정관이 될 것이다.'

'큰일이 벌어지지만 않는다면 사업에 성공할 것이다.'

현자에게는 예상치 못한 일이 일어나지 않습니다

현자에게 예상치 못한 일은 일어나지 않습니다. 현자는 늘 앞날을 내다보며 미래를 섣불리 확신하지 않기 때문입니다. 현자라고 인간의 운명에서 자유로울 수는 없습니다. 단지 인간이 저지르는 실수에서 자유로울 뿐입니다. 즉, 모든 일이 원하던 대로 흘러가지는 않지만 자신이 생각한 대로 이루어집니다.

현자는 일을 시작하기 전에 가장 먼저 자신이 세운 계획에 차질이 생길 수도 있다는 전제를 합니다. 이렇듯 성공을 확신하지 않으면 소망이 이루어지지 않더라도 그 고통을 훨씬 수월하게 견뎌낼 수 있습니다.

고통을 줄이고 싶다면 이미 세워둔 계획에 지나치게 집착하지 않고 상황에 맞춰 유연하게 목표와 위치를 조정할 줄 알아야 합니다.

스스로를 믿고,
좋아하고, 존중하십시오

마음의 안정에 가장 큰 방해가 되는 변덕이라는 악덕에 사로잡히지 않도록 주의하십시오. 때로는 고집이 불안과 불행을 가져오기도 하지만, 변덕은 자제력 자체가 없기에 훨씬 골치가 아픕니다. 물론 고집을 부리면 변화하지 못하고, 변덕을 부리면 견디지 못하니 둘 다 평온을 찾는 데 방해가 되기는 마찬가지겠군요.

무엇보다 평온한 마음을 원한다면 외부의 관심사에서 벗어나 자신에게 집중해야 합니다. 자기를 믿고, 좋아하고, 존중하며, 타인의 사정에 개입하는 습관을 멀리하십시오. 그리고 자신에게 헌신하십시오. 또한 손실을 가볍게 넘기고 고난을 온화하게 받아들일 수 있도록 마음을 다스리십시오.

죽음 앞에서도
당당하고 초연했던 인물들

스토아학파를 창시한 제논은 배가 난파돼 전 재산이 침몰했다는 소식을 듣고 "운명이 나에게 철학에 몰두하라며 방해물을 없애는구나."라고 말했습니다. 또한 철학자 테오도루스Theodorus[13]는 참주가 매장조차 할 수 없을 만큼 처참하게 죽이겠다고 협박하자 이렇게 대답했습니다.

"얼마 안 되는 내 피를 어떻게 할지는 당신 손에 달려 있으니 마음대로 해라. 내 몸이 땅 위에서 썩을지, 아래에서 썩을지는 중요하지 않다. 그런 말에 내가 동요할 것이라 생각했다니, 어리석구나."

또한 당대에 태어난 보기 드문 위대한 인물인 율리우스 카누스Julius Canus[14]가 가이우스 황제와 오랜 논쟁 끝에 자리에서 일어나자, 이 잔혹한 황제는 이렇게 말했습니다.

"이미 자네의 처형을 명령해 뒀으니 어리석은 희망은 품지 마라."

13 고대 그리스의 조각가이자 철학자
14 고대 로마 철학자

그러자 카누스는 “가장 위대한 분께 감사할 따름이다.”라고 대답했습니다. 카누스가 정확히 무슨 뜻으로 이런 말을 했는지는 모르겠지만 추측해 볼 수는 있습니다. 황제의 잔악함을 견디느니 차라리 죽는 편이 낫다는 의미였을 수도, 아니면 정신 나간 행동을 일삼는 황제를 조롱하려는 의도였을 수도 있겠죠. 자식이 살해당해도, 전 재산이 몰수당해도 황제에게 감사해야 하는 시대였으니 말입니다. 어쩌면 죽음으로 마침내 자유를 얻을 수 있으리라 여겼는지도 모릅니다. 카누스가 어떤 마음으로 그런 말을 했든 저는 정말 고상한 대답이었다고 생각합니다. 물론 누군가는 이렇게 말할 테죠.

“가이우스가 처형을 취소할 수도 있지 않나요?”

하지만 카누스는 살 궁리는 조금도 하지 않았습니다. 가이우스가 한 번 처형 명령을 내리면 번복하는 일이 없었기 때문입니다. 카누스는 죽음을 앞둔 마지막 열흘을 평온하게 보냈습니다. 믿기십니까? 카누스는 놀랍도록 침착하게 말하고 평온하게 행동했습니다.

사형수 무리를 끌고 가던 백인대장이 카누스에게 대열 합류를 명령했을 때 카누스는 체스를 두고 있었습니다. 이름이 불리자 카누스는 남은 말을 세고 함께 체스를 두던 상대에게 이렇게 일렀습니다.

"내가 죽고 나서 자네가 이겼다는 헛소문은 내지 말게."

그러고는 고개를 끄덕이며 백인대장에게 "내가 한 점 앞섰다고 증인을 서 주시오."라고 당부했습니다. 카누스는 판에 끌려가는 것이 아니라 판을 만들어가고 있었습니다. 카누스의 죽음을 앞두고 친구들은 슬퍼했지만 정작 당사자는 태연했습니다.

"왜 슬퍼하는가? 자네들은 계속 우리 영혼이 불멸일지 궁금해하겠지만 나는 곧 해답을 찾게 될걸세."

카누스는 죽기 직전까지도 진리를 탐구했으며 자신의 죽음조차 토론의 주제로 삼았습니다. 신에게 제물을 바치는 나지막한 언덕이 점차 가까워지자 카누스와 함께 걷던 철학 스승이 물었습니다.

"카누스, 지금 무슨 생각을 하는가? 기분은 어떤가?"

그러자 카누스가 대답했습니다.

"영혼이 몸에서 빠져나오는 마지막 찰나에 의식이 남아 있을지 지켜볼 예정입니다."

그러고는 뭔가 발견한다면 친구들을 찾아다니며 영혼의 상태에 관해 알려주겠다고 약속했습니다. 카누스는 폭풍 한가운데서도 평온함을 잃지 않았으니, 마땅히 영생을 누려야 할 겁니다. 그는 진리를 증명하는 데 운명을 바쳤고, 마지막 순간까지 영혼을 탐구했으며, 죽기 직전까지 진리를 탐구하는 데 그치지 않고 죽음이 닥치는 순간까지 배움을 갈구했습니다. 카누스보다 오래 철학에 몰두한 사람은 없을 겁니다. 우리는 이렇게 위대한 인물을 길이 기억하며 존경하는 마음을 담아 그 이름을 입에 올려야 합니다.

한탄하기보다는 웃어넘기세요

사적인 슬픔의 원인을 없앤다고 인간의 악덕이 사라지지 않습니다. 우리는 때때로 인류를 향한 분노에 사로잡힙니다. 소박함은 거의 보이지 않고, 순수함을 알아주는 이는 찾기 어려우며, 이익을 따지지 않는 선의는 자취를 감췄습니다. 법에 어긋나는 행동으로 성공한 사람이 수없이 많습니다. 그들의 타락으로 엄청난 이익과 손실이 발생했습니다. 지금껏 울타리 안에만 머물던 야망이 천한 영광을 누리고 있음을 생각하면 마음이 어두워집니다. 마치 미덕을 가질 수도, 가져봤자 얻을 것 하나 없는 것처럼 느껴져 깊은 우울함에 휩싸입니다.

따라서 우리는 대중의 악덕을 미워할 것이 아니라 우습게 봐야 합니다. 헤라클레이토스Heraclitus[15]는 군중 앞에 설 때마다 울었지만 데모크리토스는 웃었습니다. 헤라클레이토스에게는 인간의 모든 행동이 비극처럼 보였지만, 데모

15 고대 그리스 철학자

크리토스에게는 희극처럼 보였습니다. 우리는 데모크리토스처럼 현상을 가볍게 받아들이고 관대하게 견딜 수 있도록 노력해야 합니다. 인생을 한탄하기보다 웃어넘기는 편이 더욱 인간답기 때문입니다.

웃는 사람은 우는 사람보다 인류에 더 큰 기여를 하기 마련입니다. 웃는 사람은 희망을 품지만 우는 사람은 어리석게도 잘못을 바로잡을 여지조차 찾지 못해 눈물을 흘립니다. 웃음을 참지 않는 사람은 터져 나오는 울음을 견디지 못한 사람보다 위대한 정신을 지녔습니다. 웃음은 가장 온화한 감정 표현이니 이 세상 무엇도 심각하거나 불행하게 여기지 않음을 의미합니다.

인간에게 기쁨과 슬픔을 주는 원인을 하나하나 따져보면 인간의 모든 행동은 태초와 같고, 인간의 삶은 수태受胎보다 고귀하지도 진지하지도 않으며, 인간은 무無에서 태어나 무無로 돌아간다는 비온의 말이 옳았음을 알 수 있습니다.

타인에게 보이기 위해 슬퍼하지 마세요

사실 대중의 행동 양식과 인간의 악덕을 담담하게 받아들이고 웃음도 울음도 터뜨리지 않는 편이 낫습니다. 타인의 불행을 보고 걱정한다면 비극이 끝없이 이어질 것이고, 타인의 행복을 보고 기뻐한다면 이는 비인간적인 쾌락이기 때문입니다.

자신의 아들을 땅에 묻는 사람을 보고 비통한 표정으로 눈물을 흘리는 행동은 자신의 인간성을 과시하는 데 지나지 않습니다. 또한, 자신에게 닥친 불행에도 관습이 아닌 자연의 섭리에 따라 슬퍼할 줄 알아야 합니다.

많은 사람이 타인에게 보여주기 위해 눈물을 흘립니다. 그래서 눈물을 흘리지 않을 일에도 억지로 울음을 터뜨리곤 합니다. 다른 사람이 모두 우는데 혼자 울지 않는 것은 부끄러운 행동이라고 생각하기 때문이죠. 타인의 눈치를 보는 악습이 너무나 깊은 탓에 슬픔이라는 가장 자연스러운 감정조차 이제는 가식이 되고 말았습니다.

위대한 인물은 죽음을 통해 불멸이 됩니다

이제는 우리를 슬프고 괴롭게 만드는 이야기로 넘어가려고 합니다. 소크라테스는 옥중에서 죽음을 강요당하고, 루틸리우스는 나라에서 추방당했습니다. 폼페이우스와 키케로는 자신이 부리던 부하에게 목을 내놓았으며, 미덕의 화신이었던 위대한 카토는 자신과 국가의 종말을 알리기 위해 칼을 들어 스스로를 찔렀습니다.

이렇게 선한 사람이 비참한 종말을 맞이했으니 우리는 운명의 부당한 보답에 고통받습니다. 가장 훌륭한 사람이 가장 비참한 운명을 맞이하는데, 우리가 어떤 희망을 품을 수 있겠습니까?

우리는 자신에게 주어진 운명을 참고 견딘 위인의 삶에서 답을 찾아야 합니다. 용감하게 행동한 인물을 본보기로 삼고, 겁에 질려 죽은 인물을 타산지석 삼아 기개를 키워야 하죠. 미덕을 좇는 이는 마땅히 찬양해야 하지만 비겁하게 행동한 이는 존경할 가치가 없습니다.

높은 평가를 받을 만한 사람이 있다면 이렇게 칭찬을

아끼지 마십시오.

"용감한 사람일수록 행복하니, 그대는 이제 사고와 시기와 질병이라는 감옥에서 풀려나 자유를 누릴 것이다. 신은 그대에게 불운을 선사하지 않았다. 더 이상 운명의 장난에 놀아나지 않도록 놓아준 것이다."

하지만 죽음의 문턱에 선 순간조차 삶 쪽을 돌아보는 사람은 운명에 붙잡혀 끌려다닐 수밖에 없습니다.

저는 행복한 사람을 위해서도, 불행한 사람을 위해서도 눈물을 흘리지 않을 겁니다. 행복한 사람은 내 눈물을 닦아주었고, 불행한 사람은 그들이 흘린 눈물로 제가 위로를 받을 처지가 아님을 증명했기 때문입니다.

헤라클레스가 산 채로 화장됐다고 제가 눈물을 흘려야 합니까? 레굴루스Regulus[16]의 몸에 수많은 못이 박혔다고 제가 비통해해야 합니까? 카토가 제 몸에 칼을 휘둘렀다고 슬픔에 잠겨야 합니까? 헤라클레스, 레굴루스, 카토는 삶에서 얼마간의 시간을 포기하고 영원한 존재가 되는 방법을 찾았으니, 그들은 죽음을 통해 불멸이 되었습니다.

16 포로로 잡혔으나 자기 목숨보다 나라를 위해 휴전을 거부할 것을 권한 고대 로마의 정치가이자 장군

스스로를 숨기지 마세요

누구에게도 자신을 솔직하게 드러내지 않고 꾸민 모습만을 보여주면 괴로움의 원인이 됩니다. 많은 사람이 타인에게 보여주기 위한 거짓된 삶을 살고 있습니다. 이들은 평소 자기 역할에서 벗어난 모습을 남에게 들킬까 봐 끊임없이 스스로를 관찰하며 괴로워합니다.

누군가 눈길을 줄 때마다 평가를 받는다고 생각하면 결코 근심에서 벗어날 수 없을 겁니다. 의도치 않게 가면이 벗겨지는 일 또한 다반사겠지요. 이뿐만 아니라 원하는 대로 자신을 꾸미는 데 성공한다고 해도 항상 가면을 쓰고 있는 사람은 불안에서 벗어나지 못하니 행복한 삶을 살 수 없습니다.

반면 순수하고 꾸밈이 없으며 스스로를 숨기지 않는 사람은 즐거움을 누리며 살아갑니다. 하지만 모두에게 너무 숨김없이 보인다면 사람들에게 무시를 받을 수도 있습니다. 무엇이든 지나치게 가까워지면 업신여기는 사람이 있기 때문입니다.

물론 미덕은 가까이에서 관찰되어도 멸시당하지 않습니다. 만약 이러나저러나 타인의 비판에 노출될 수밖에 없다면 가면을 쓰며 괴로워하기보다 순박하게 살면서 즐거워하는 편이 낫지 않겠습니까? 다만 자연스러운 삶과 경솔한 삶에는 큰 차이가 있으니 언제나 중용을 잃어서는 안 됩니다.

홀로 되는 시간과 함께 있는 시간을 적절히 섞으세요

이따금 내면에 집중하는 시간을 가지십시오. 다른 사람과 교류하는 시간에는 안정이 흩뜨러지고, 마음이 어지러워지고, 아직 완전히 낫지 못한 마음의 상처가 악화되기도 합니다. 우리는 혼자 있는 시간과 함께 있는 시간을 적절히 섞으며 살아가야 합니다.

혼자 있는 시간은 사람을 그리워하게 만들고, 함께 있는 시간은 스스로를 그리워하게 만들죠. 고독과 교류는 서로를 보완합니다. 고독은 군중을 향한 미움을 치유하고, 군중은 고독으로 지친 마음을 치유합니다. 또한 늘 긴장을 유지하면 좋지 않으니 가끔씩 기분 전환을 해줘야 합니다.

충분한 휴식은
마음을 강하고 날카롭게 만듭니다

마음도 휴식이 필요합니다. 충분한 휴식은 마음을 더욱 강하고 날카롭게 만듭니다. 휴지기 없이 끊임없이 경작하는 땅은 제아무리 비옥해도 빠르게 쇠하듯, 쉼 없는 노동은 활력을 앗아갑니다. 짧게나마 휴식을 취한 마음은 빠르게 회복하지만 쉼 없이 혹사당한 정신은 무디고 나태해지기 마련입니다.

소크라테스는 어린아이들과 놀기를 부끄러워하지 않았으며 카토는 나랏일을 돌보느라 지친 마음을 술로 달랬습니다. 스키피오는 음악에 맞춰 승전한 장군의 면모를 뽐내며 춤을 췄습니다. 최근 여성보다 더욱 간드러진 걸음걸이로 관능적이게 몸을 흔드는 남성이 자주 보이는데, 스키피오의 몸짓은 이와 달랐습니다. 그는 과거 경기나 축제에 참여한 남성이 그랬듯 적이 보더라도 위엄을 잃지 않을 만큼 당당했습니다.

인간이 오락과 운동을 하는 이유는 즐거움을 얻기 위해서입니다. 하지만 오락과 운동이 지나치면 정신이 온통 쾌락에 빠져서 마음이 지탱하는 힘을 잃습니다. 수면 또한 꼭 챙겨야 할 휴식이지만 밤낮없이 이어지는 잠은 죽음과 같습니다. 긴장을 풀되 아예 없애버려서는 안 됩니다.

축제일을 만든 이유

처음 법을 제정하던 사람들은 축제일도 함께 정했습니다. 이처럼 국가에서 주도해 국민이 억지로라도 즐기는 날을 만든 이유는 일하는 중간에 휴식을 취하고 노고를 푸는 날이 필요하다고 생각했기 때문입니다.

위대한 인물 중에서도 매월 휴일을 정하거나 일과를 여가 시간과 업무 시간으로 나눈 사람이 많습니다. 제가 기억하기로 뛰어난 웅변가인 아시니우스 폴리오Asinius Pollio[17]는 열 시가 지나면 어떤 일도 하지 않았습니다. 새로운 고민거리가 생길까 봐 편지조차 읽지 않고 두 시간 동안 그날 쌓인 피로를 푸는 데 집중했습니다.

어떤 사람은 가벼운 일감은 오후로 미뤄두고 낮 시간 동안 휴식을 취합니다. 우리 선조는 열 시가 넘으면 원로원에 새로운 결의안을 발의하지 못하도록 규칙을 정해뒀습니다. 군인은 돌아가며 보초를 섰고, 원정을 다녀온 병사는

17 고대 로마의 군인이자 정치가

야간 근무를 면제받았습니다.

우리는 마음에 여유를 갖고 때때로 휴식을 취해야 합니다. 휴식은 마음의 양식이자 힘을 줍니다. 산책은 기분을 전환하고 마음을 건강하게 만드니, 야외로 나와 탁 트인 공간에서 신선한 공기를 마시면서 거니는 시간도 꼭 필요합니다. 때로는 새로운 장소로 여행을 떠나거나 유쾌한 일행과 어울리면서 기운을 차리는 것도 좋습니다.

가끔씩 취하도록
술을 마셔도 괜찮습니다

술에 못 이겨 절제력을 잃는 정도가 아니라면 가끔씩은 기분 좋게 취하도록 술을 마셔도 괜찮습니다. 술은 근심을 쫓고, 깊이 가라앉은 마음을 끌어올리고, 슬픔과 질병을 치유합니다.

포도주를 발명한 사람에게 '해방자'라는 별명이 붙은 이유는 포도주가 혀를 자유롭게 만들기 때문이 아니라, 마음을 온갖 근심에서 해방시켜 새로운 삶을 선사하고 무슨 일이든 할 수 있을 것 같은 대담함을 주기 때문입니다. 하지만 자유가 그렇듯 술을 마실 때도 중용을 지켜야 하죠.

솔론Solon[18]과 아르케실라오스Arcesilaus[19]는 술을 좋아했다고 알려졌으며 카토는 주정뱅이라는 비난까지 들었습니다. 하지만 그런 비난은 카토를 끌어내리기는커녕 오히려 술을 좋아한다는 결함을 명예로운 특징처럼 보이도록 했습니다.

18 고대 그리스의 정치인이자 시인
19 고대 그리스의 철학자

가끔은 술을 마시고 즐기며 우울함을 떨쳐내도 좋습니다. 하지만 마음에 나쁜 버릇이 들어서는 곤란하니 너무 자주 술에 취하지는 않도록 주의해야 합니다.

신이 나야만 위대한 업적을 남길 수 있습니다

한 그리스 시인은 "가끔은 미치는 것이 즐겁다."라고 이야기했고, 플라톤은 "멀쩡한 정신으로는 시문학의 문을 두드려도 아무 소용이 없다."라고 말했으며, 아리스토텔레스는 "뛰어난 천재는 조금씩 미쳐 있기 마련이다."라는 말을 남겼습니다.

여기에 동의하는 사람도, 동의하지 않는 사람도 있겠지만 한 가지 확실한 점은 마음이 신이 나야 위대한 업적을 남길 수 있다는 사실입니다.

상스럽고 통속적인 것을 경멸하고, 신성한 영감을 통해 높이 날아오를 때 비로소 인간의 입을 통해 나온다고는 믿을 수 없을 만큼 숭고한 음악을 노래할 수 있습니다.

아무런 노력 없이 마음을 가만히 둬서는 결코 고귀하고 높은 목표에 다다를 수 없습니다. 영감을 얻으려면 마음이 익숙한 길에서 벗어나 혼자서는 두려움 때문에 오르지 못할 곳을 향해 휘몰아치듯 달려가야 합니다.

마음을 꾸준히 돌보십시오

지금까지 마음의 평정을 유지하고 회복하는 방법과 악덕에 저항하는 방법을 이야기했습니다. 마지막으로 한 가지만 명심하십시오. 마음을 꾸준히 헌신적으로 돌보지 않는다면 앞서 언급한 어떤 방법으로도 나약한 평정을 지킬 수 없습니다. 그러니 자기 마음을 잘 돌보십시오.

옮긴이 김한슬기
성균관대학교 글로벌경제학과를 졸업하고 바른번역에서 전문 번역가로 활동하고 있다. 주요 역서로는 『나폴레온 힐의 인생 수업』, 『삶의 마지막까지, 눈이 부시게』, 『조이 오브 워크』, 『후츠파CHUTZPAH』, 『코리안 오디세이』 등이 있다.

그럼에도 인생은 흐른다

초판 1쇄 발행 2023년 9월 13일
초판 2쇄 발행 2024년 1월 5일

지은이 루키우스 안나이우스 세네카
옮긴이 김한슬기
펴낸이 김선준

책임편집 오시정
편집팀 최한솔, 최구영, 오시정
마케팅팀 권두리, 이진규, 신동빈
홍보팀 한보라, 이은정, 유채원, 유준상, 권희, 박지훈
디자인 정란
경영관리 송현주, 권송이

펴낸곳 페이지2북스
출판등록 2019년 4월 25일 제 2019-000129호
주소 서울시 영등포구 여의대로 108 파크원타워1, 28층
전화 070)4203-7755 **팩스** 070)4170-4865
이메일 page2books@naver.com
종이 월드페이퍼 **인쇄** 더블비 **제본** 책공감

ISBN 979-11-6985-042-1 (03100)

• 책값은 뒤표지에 있습니다.
• 파본은 구입하신 서점에서 교환해 드립니다.